外国人だけが知っている「観光地ニッポン」

47都道府県
満足度ランキング
から読み解く
訪日客が好きな日本、
感動した日本

ステファン・シャウエッカー
Stefan Schauwecker

大和書房

はじめに

私はスイスで生まれ、カナダ留学時代に日本人と出会い、日本に興味を持つようになりました。日本を初めて旅行したのは、二十一歳の時。日本の素晴らしさに感激した私は、日本を英語で世界に紹介するサイト「ジャパンガイド」(japan-guide.com)の運営を始めました。コンテンツは今や約二〇〇〇にまで増え、観光ガイドの情報は47都道府県を網羅するまでになりました。

一九九八年、カナダの語学学校で出会った日本人女性と結婚し、二〇〇三年、私たちは妻の実家がある群馬県藤岡市に移住しました。藤岡市のオフィスでは、アメリカ人、イギリス人、フランス人、シンガポール人など、多国籍のスタッフが、ジャパンガイドを支えてくれています。二〇一九年十一月時点のジャパンガイド会員登録者数はほぼ一〇〇万人となり、月間ページビューは約八〇〇万となっています。

ジャパンガイドの運営者として心がけてきたのは、「ありのままの日本を伝える」ことと、「ユーザーの視点に立って、正確な情報を提供する」ことです。日本を好きだからといって、ほめたたえることはしません。外国人があまり楽しめないだろうと思える観光地や不便に感じる情報は、正直に伝えます。日本を観光した外国人からの投稿に間違いがあれば訂正して掲載しますが、寄せられたコメントが辛口であっても、苦情であっても、隠さず掲載しています。こうした姿勢が多くの利用者に支持され、ほかのサイトにはない価値を提供できているのだろうと自負しています。

この本では、ジャパンガイドのユーザーが日本のどんなところに魅力を感じて観光地としての日本を訪れ、どんな場所やイベントを楽しみ、気に入ったのかを、ユーザーと同じ外国人である私が日本のみなさんにご紹介しています。意外に感じたりなるほどとうなずいたりしながら、外国人から見た日本、日本人は身近すぎて気づいていない・考えたこともないような日本の素晴らしさに改めて気づいていただければと思っています。

なお、この本は、二つの調査データに基づいて書かれています。

一つは、実際に日本を旅行した外国人が投票する「満足度調査」です。二〇〇八年からジャパンガイドのサイト上で行なわれている調査で、訪れた観光スポットの満足度を、五段階の★で評価します。2章の47都道府県別・満足度ランキングは、この結果をもとにまとめました。なぜその観光地あるいはイベントの満足度が高いのか、分析し解説しています。ただし、データは累計数となっていますので、ランキングは刻々変わっています。

もう一つは、二〇一九年一～三月、ジャパンガイドのユーザーを対象に実施したサーベイです。外国人観光客は、何を求めて日本を訪れ、何を食べ、何を買ったかなど、旅行中の動向に着目して調査しました。回答者数は五六三人でしたが、「印象に残ったエピソードは？」という問いには多くのフリーコメントが寄せられ、その一部も紹介しています。

英語で日本の情報を発信しているというジャパンガイドの特性上、回答者の国籍は、多い順にアメリカ（一三七人）、オーストラリア（五六人）、イギリス（五〇人）、カナダ（三〇人）と、英語圏の人たちが中心です。

ちなみに、日本政府観光局（ＪＮＴＯ）の統計によると、二〇一八年の訪日外国人数は三一一九万一八五六人。その国籍の内訳は、１位が中国。続いて、韓国、台湾、香港、アメリカ、タイ、オーストラリア、フィリピン、マレーシアと、アジア圏が上位を占めています。

そういうわけで、観光庁のサーベイとは回答者数に大きな開きがありますし、項目が同じであっても、回答者の属性（国籍）の違いからか、異なる傾向が読み取れることもあります。

また、ジャパンガイドのサーベイは、日本への関心度が高い人が自主的に参加しているため、「日本に好意的な回答が多い」という傾向もうかがえます。この本で取り上げた意見だけが外国人全員の声ということではなく、さまざまな国からの旅行者の数ある意見の一部であるということをご承知おきください。こうしたことを頭の片隅に置きながら、日本が大好きな外国人の代表（⁉）である私の経験と知見でサーベイ結果を分析した「外国人が好きな日本」「旅行者として満喫した日本」について、楽しみながら読んでいただけたら幸いです。

東京オリンピック・パラリンピックをきっかけに日本は目まぐるしく変化し、さらに多くの外国人観光客を魅了していくことでしょう。そんな日本の、実は日本人が気づいていない良さや、意識していない魅力を、本書を通じて少しでもお伝えできたらうれしく思います。

※本書に記載されている観光情報は、二〇一九年現在のものです。最新の情報は、各都道府県や観光団体等へお問い合わせください。

外国人だけが知っている「観光地ニッポン」　目次

第1章

外国人は何を求めて日本へ？

日本のイメージは？
日本で何をしたい？
何をした？

外国人が日本を感じるキーワードは歴史的な建物、桜と紅葉、温泉と露天風呂、新幹線などの特別な列車に乗ること

第2章

日本人だけが知らない「外国人が好きな日本」「気に入った日本」

47都道府県で外国人の満足度が高かった観光地とイベント

「ジャパンガイド」ユーザーによる47都道府県の満足度ランキングを大公開！日本人が意外に感じる人気スポットも？

千葉県 ハイキングをしながら富士山が見える穴場スポットが！世界に一つの「東京ディズニーシー」は当然のランクイン――62

東京都 多くの外国人観光客が訪れる国際都市東京。満足度1位は、初登場の「柴又」――64

神奈川県 「箱根温泉」「横浜」「鎌倉」は定番の風格。外国人の好感度が高い鎌倉「報国寺」は竹の庭が魅力――76

新潟県 「アース・セレブレーション」が驚異の満足度。金山の坑道、「湯沢」でのスキーは外国人にも人気――82

富山県 雪と峡谷がもたらす絶景はインパクト大。世界遺産「五箇山・相倉 合掌造り集落」も注目株――84

石川県 庭園ファンがこぞって訪れる名勝「兼六園」。能登半島の自然がもたらす景勝地は一見の価値あり――86

福井県 展示のクオリティが高い恐竜博物館、「東尋坊」の絶景と「永平寺」の坐禅体験も満足度高！――88

山梨県 富士山に関連する三スポットがランクイン。見るなら忠霊塔から、登るなら吉田ルートが人気――90

長野県 「上高地」と温泉につかるサルは超有名！馬籠峠を歩くのはほとんどが外国人!?――92

第3章

日本で何を食べた？ 何を買った？ 外国人が楽しんだグルメと買い物

意外な人気フードとおみやげは？ 訪日客の消費行動

印象的だった食べ物のトップは、「寿司」「天ぷら」を抑えて「ラーメン」に。「おにぎり」はコンビニで気軽に買えるのがうれしい

九割以上の人がおみやげを購入。
伝統工芸品、お菓子、日用雑貨、
ファストファッションや古着も注目の的

第4章

日本でどこに泊まった？ せっかくならどんなところに泊まりたい？

旅館、ホテル、ビジネスホテル……外国人が好む宿泊施設は？

ヨーロッパは旅館志向、北米はホテル志向、アジアはコスト志向？

第 1 章

外国人は何を求めて日本へ?

日本のイメージは?
日本で何をしたい?　何をした?

海外からの旅行者は、何を求めて日本を訪れるのでしょうか。そして、実際にはどんなことを楽しんで、日本を後にするのでしょうか。私が運営する、外国人旅行者に日本を紹介するサイトである「ジャパンガイド」でも、利用者である英語圏を中心とした旅行者に、この質問を何度も投げかけています。

観光庁が行なった「二〇一八年訪日外国人消費動向調査」では、訪日前に期待していたこと（複数回答）は、「日本食を食べること」が七〇・五％と最も多く、次いで「ショッピング」（54・4％）、「自然・景勝地観光」（46・5％）、「繁華街の街歩き」（41・7％）の順となっていました。これは、ジャパンガイドのサーベイとほぼ同じ傾向を示しています。

そして、日本滞在中、実際にしたことについても、「日本食を食べること」「ショッピング」「繁華街の街歩き」「自然・景勝地観光」と、ほぼ同様の結果でした。

つまり、欧米人も、アジアを含むそのほかの地域に住む人たちも、日本でしたいことは同じということですね。

ちなみに、次回日本を訪れたらしたいことは、観光庁のデータでは「日本食を食べること」「温泉入浴」「ショッピング」「自然・景勝地観光」の順でした。

外国人が日本を感じるキーワードは歴史的な建物、桜と紅葉、温泉と露天風呂、新幹線などの特別な列車に乗ること

訪日外国人数が三〇〇〇万人を突破！　わずか五年で三倍に

二〇一八年、訪日外国人数が三〇〇〇万人を超えました。私が「ジャパンガイド」を始めた一九九六年は約三八四万人、一〇〇〇万人を超えたのが二〇一三年です。それからわずか五年で三倍に増えているのですから、驚きです。

訪日外国人は、なぜ増えているのでしょう。その理由の一つは、政府や観光産業、市町村など地方自治体の努力、積極的なPRがあったからだと思います。

二つめは、近隣のアジアの国々からの観光ビザがいらなくなったり取りやすくなったことによって、日本に簡単に来られるようになったこと。

三つめは、LCC（格安航空会社）の便数が増えたことです。アジアを中心に、オーストラリアからもLCCが就航しているので、安い航空運賃で気軽に日本に来ることができます。

さらに、円安傾向にあることも、外国人には好条件になっていると思います。いずれにして

も、日本の良さを世界に発信しているジャパンガイドとしては、とてもうれしいことです。

外国人は、歴史的建物や桜を見て〝日本〟を感じている

二〇一九年、ジャパンガイドのユーザーにアンケートを行ない、「どんな時に日本に来たと感じるか？」と質問したところ、1位は「神社仏閣、城などの歴史的な建物や街並みを見た時」、2位は「桜や紅葉など、四季折々の光景を見た時」、3位は「温泉地に行った時」でした。この回答は、外国人が日本に対して抱いているイメージそのものです。私自身も、かつて五重塔や神社の鳥居などの歴史的な建造物、昔ながらの古い日本家屋の街並みを見て、「日本らしい」と感じたので、「やっぱりそうか」とすごく納得しました。

意外だったのは、最近の外国人観光客は体験志向になっていると聞いていたのに、サーベイの結果では「見る」が上位だったこと。ですが、広い意味では「見る」ことも「体験する」ことの一つと言えますね。そういえば近年は、ただ歩きながら桜を眺めるだけでなく、桜の下で宴会をする日本流の花見を楽しむ体験型の外国人観光客が目立つようになってきました。

桜は日本を象徴する風景ですし、アルファベットの〝ＳＡＫＵＲＡ〟は今や世界に通じる言葉になりつつあります。ジャパンガイドでは、毎年桜の開花予報を公開していて、人気の高いコンテンツとなっています。「桜の見ごろは、いつからいつまでなのか知りたい」というユーザーのニーズに応え、できるだけ正確な情報を伝えようと、三月中旬から五月上旬まではス

◎どんな時、最も「日本に来た」と感じましたか？（単一回答）

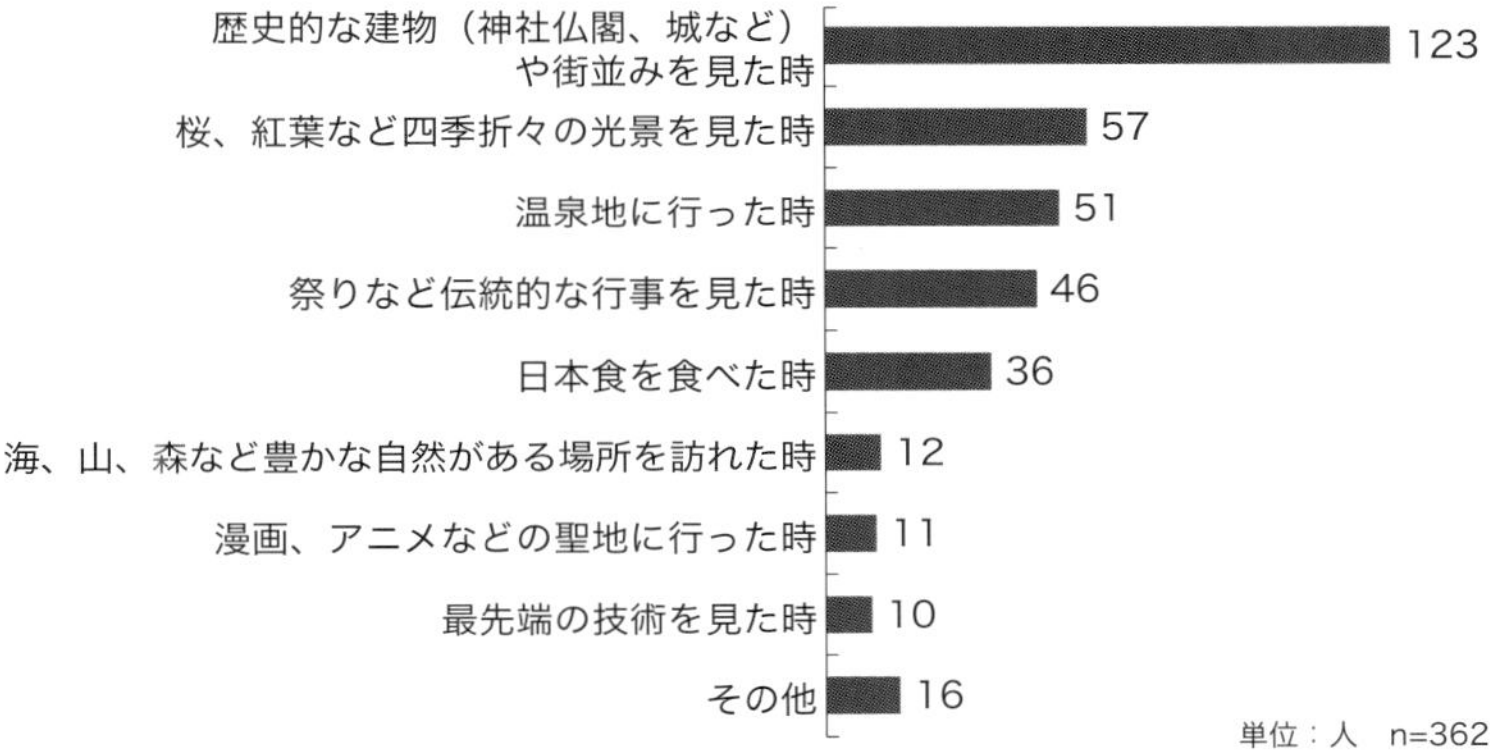

• 歴史的建造物は圧倒的な1位。神社・寺・城は代表的な建造物として認識されている様子がうかがえる

タッフ全員で桜前線を追いかけて日本各地をまわり、開花情報を頻繁に更新しています。同じように、九月中旬から十二月上旬は紅葉を追いかけて全国を取材しています。

温泉、特に自然に近い露天風呂で日本らしさに浸る

温泉地に行って日本を感じる外国人が多いのも、納得の結果です。私も温泉が大好きです。欧米にも温泉はありますが、日本とは楽しみ方が違います。欧米の温泉は、どちらかというとプールのようなつくりで、水着を着て入るところがほとんどです。

それに比べて、日本の温泉はもっと自然に近い感じがします。空の下で自然の景色を眺めながら温泉に入れる露天風呂はいかにも日本らしくて、外国人は大好きです。

そういえば、過去にジャパンガイドで「知らない人と一緒に裸で温泉に入ることに抵抗があるか」について調査したところ、ヨーロッパの人たちは「気にならない」と回答。北米の人たちは「気になる」と「気にならない」が半々、東南アジアの人たちは「抵抗がある」という結果でした。そのせいか、知らない人たちと一緒に温泉に入りたくない外国人やカップル旅行者には、温泉の家族風呂や貸切風呂を利用するのが人気です。

日本では、タトゥー（刺青）禁止の温泉も少なくありませんが、タトゥーがあっても貸切風呂なら入れそうですね。また、インターネットには、タトゥーがあっても入れる温泉リストが英語版で公開されていますし、入浴用ウエアやタオル入浴ＯＫの温泉も登場しています。

こうしたムーブメントは、外国人旅行者が増えたからというだけでなく、日本の若い人たちのニーズにも合致しているのではないでしょうか。

日本でやってよかった体験は「特別な列車」に乗ること

日本でやってよかった体験について聞いたところ、「特別な列車などに乗ること」という回答が多かったことは、スイス人〝鉄ちゃん〟の一人として、すごくハッピーです。

日本の特別な列車と聞いて真っ先に思い浮かぶのは、新幹線です。ジャパンガイドにも、「東京からどこまで乗れば、満足できる新幹線体験になる?」という質問がよく寄せられます。

新幹線は、世界トップクラスの速さと運行本数の多さなのに、遅れるトラブルがほとんどな

◎日本でやってよかった体験はありますか？（複数回答可）

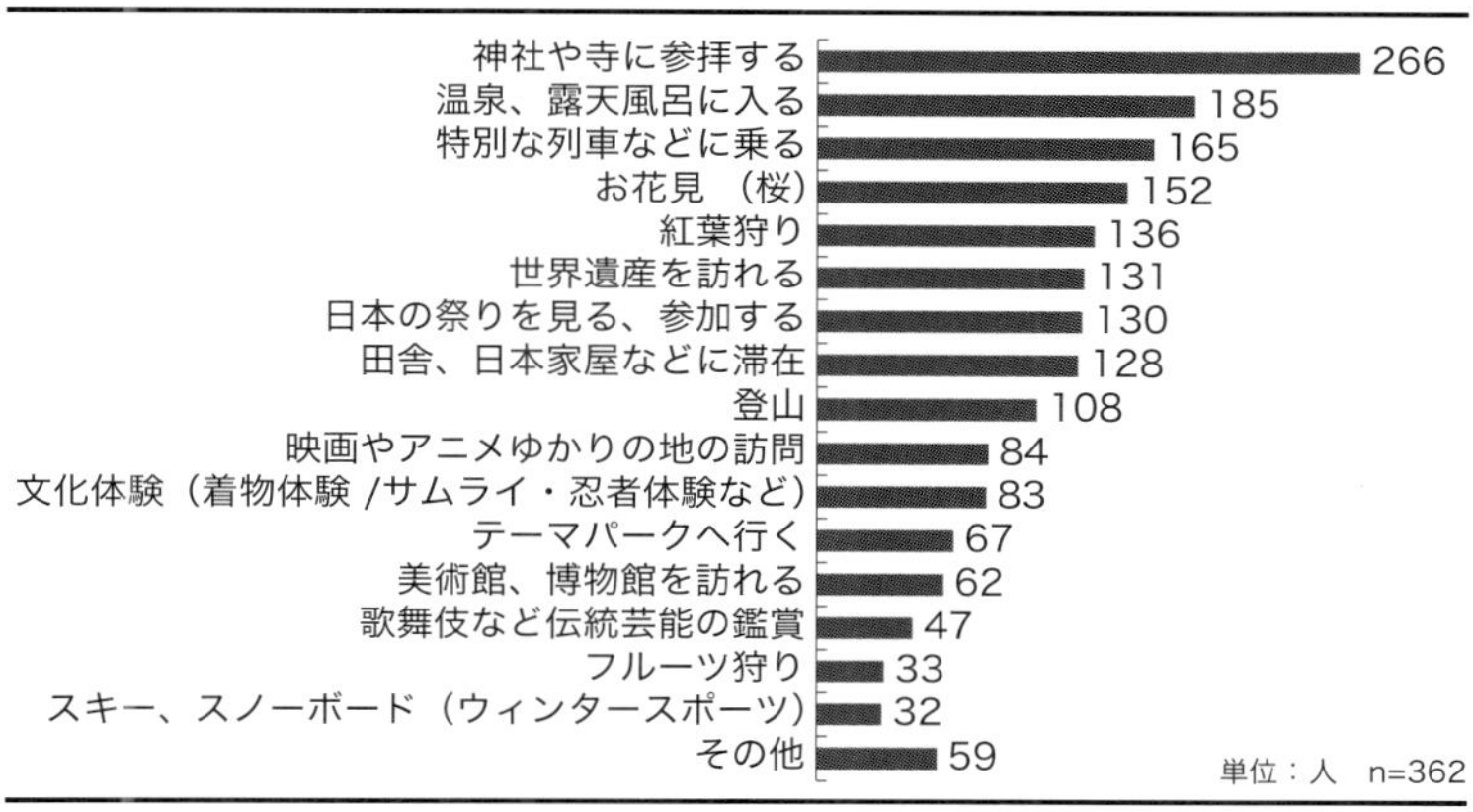

- 神社や寺が圧倒的な１位
- 「その他」では「相撲」が３票を獲得している

いのは奇跡のようです。そのうえ、揺れが少なくて乗り心地がよく、安全性にも信頼がおけます。この列車に乗るといつも感じるのは、車内がきれいでゴミなどが落ちていないこと。座席の向きを変えられるという機能性にも驚かされます。座席のスペースも広くてゆったりしていますし、ほかの国の高速列車とはかなり違う印象です。

新幹線以外にも、青森のストーブ列車のようなユニークな列車もあります。最近は景色をウリにして、窓の外の景色を眺めながら食事を楽しめる列車や、海がよく見えるよう座席を外向きにした列車なども増えています。東京から近い神奈川の湘南海岸の近くを走るローカル列車の江ノ島電鉄（江ノ電）も、景色が楽しめる電車の一つです。

日本には、外国人観光客にとってとても便利なジャパン・レール・パスがあります。これは、東海道・山陽・九州新幹線の「のぞみ」と「みずほ」を除くJRグループ六社の鉄道を、有効期間内で自由に利用できる経済的なパスです。ジャパンガイドでも、ジャパン・レール・パスについての記事は、トップ20に入る人気企画です。こうした利用価値の高いパスがあることも、列車人気を後押ししているのかもしれません。

注目は、日本海側を行く「ニュー・ゴールデンルート」

外国人にとっての日本旅行の定番といえば、東京〜静岡（富士山）〜京都〜大阪をまわるゴールデンルートです。大阪に広島がプラスされるケースもありますが、初めて日本を訪れる外国人にとっては、ジャパン・レール・パスを利用してこのルートをまわるのがお約束です。私も、初めて日本に来た時はゴールデンルートを旅しましたが、東海道を行く旅の訪問先は大きな街ばかりなので、田舎の風景や自然を目にすることはほとんどできません。もしかしたら、このルートの印象が「日本は自然が少ない」というイメージを外国人に植え付けてしまったのかもしれないと思うほどです。

北陸新幹線が開通したことで、それに代わって注目されるようになったのが、ニュー・ゴールデンルートです。これは、東京〜金沢〜京都〜大阪をめぐるルートで、途中で長野の地獄谷《じごくだに》野猿公苑《やえんこうえん》、富山の黒部峡谷、岐阜の飛騨《ひだ》高山や白川郷などに寄り道することもできます。

◎日本のどこを訪れましたか？（複数回答可）

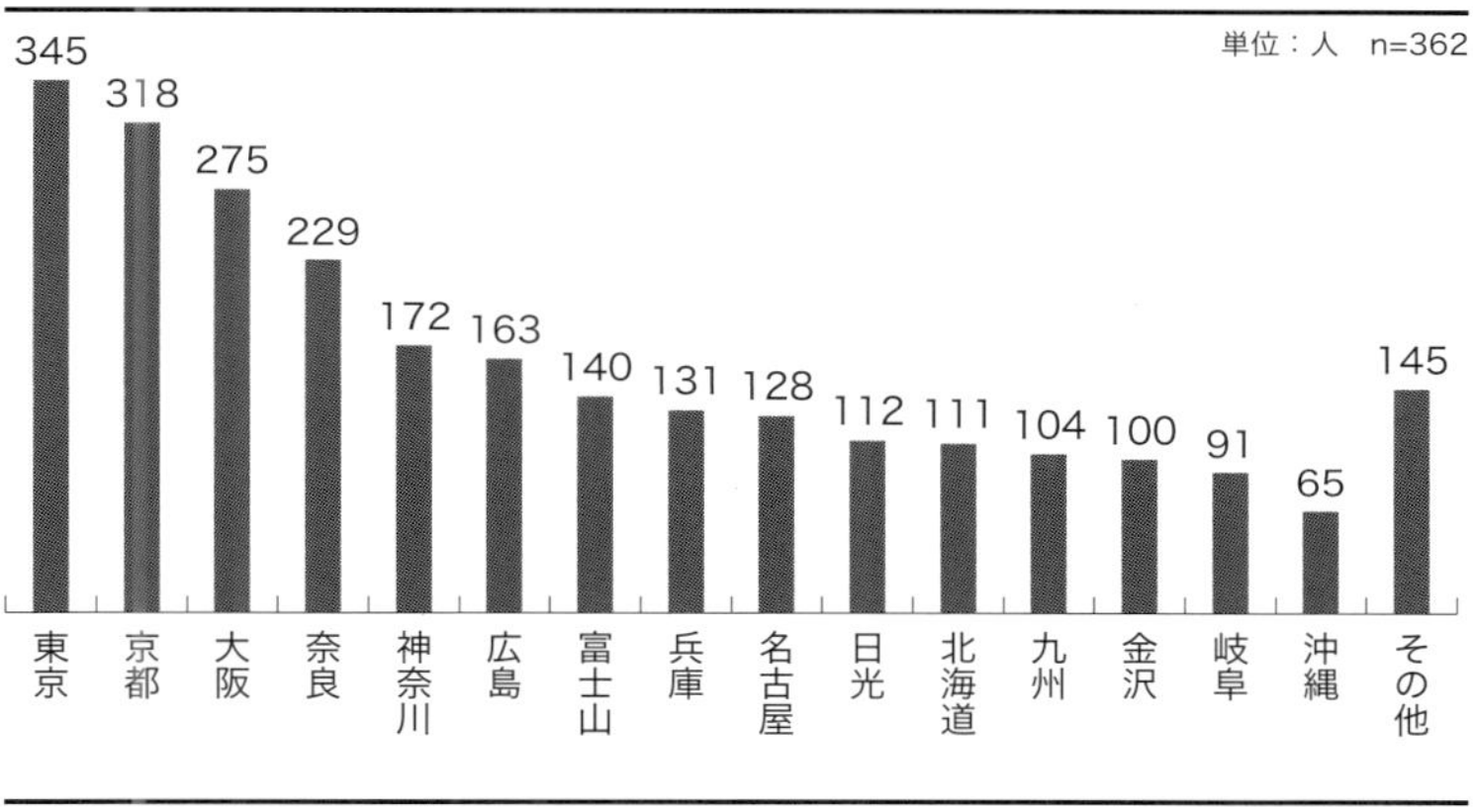

- 東京・京都・大阪がベスト３を占めており、ゴールデンルートの人気がうかがえる
- 自由回答の１位は「長野」。東京からアクセスが良いことや善光寺等の観光資源が豊富にあることが要因となっていると考えられる

この日本海ルートは、トンネルは多いものの、山や日本海、そして田舎の景色を楽しむことができるのが特徴です。立ち寄る先でも田舎体験ができるので、同じジャパン・レール・パスを活用して、違う日本を楽しむ旅に注目が集まっています。

新しく誕生した世界遺産への外国人の関心度は？

世界遺産めぐりを旅行の目的にしている日本人は少なくないようですが、ジャパンガイドで行なったサーベイの結果からは、世界遺産を訪れることが目的の訪日客は、それほど多くないことがわかります。

外国人に人気が高い世界遺産は、京都、奈良、日光、屋久島、そして富士山です。ですが、そこが世界遺産だから訪れるわけではなく、神社仏閣、城などの歴史的な建物や風景に日本を感じられるからこそ、多くの人が訪れるのだと思います。

日本での新しい世界遺産の誕生は、日本国内では大きなニュースになりますが、海外ではそれほど大きなニュースにはなりません。ですから、その情報を知らない人も多く、「新しく世界遺産に登録されたから、そこに行こう」と考えて日本を訪れる外国人も少ないのだと思います。今後、情報が広まっていけば、新しい世界遺産を訪れる外国人は増えていくことでしょう。

日本の世界遺産の中で比較的新しいのは、二〇一七年に登録された『「神宿る島」宗像《むなかた》・沖ノ島と関連遺産群』や、二〇一八年に登録された「長崎と天草地方の潜伏キリシタン関連遺産」ですが、アクセスが大変なので、外国人観光客にはまだハードルが高そうです。ただ、「長崎と天草地方の潜伏キリシタン関連遺産」は、キリスト教信者の外国人の興味をそそる世界遺産だと思います。

二〇一九年には、日本最大の前方後円墳である大山《だいせん》古墳（仁徳天皇陵古墳）など、「百舌鳥《もず》・古市《ふるいち》古墳群」が登録されました。ジャパンガイドでは、この古墳群が世界遺産になるという発表と同時に、スポット紹介記事をトップページに掲載したところ、毎日二〇〇から三〇〇のビュー数となっています。

ここは、大阪府初の世界遺産で、外国人観光客にも行きやすいロケーションにあるのですが、古墳の歴史を知っている外国人は少ないので、外国人観光客の注目を集めるのはまだ先のことになりそうです。

富士山や高尾山に登り、映画やアニメの新名所を訪問

日本でやってよかった体験に「登山」があるのは、富士山の存在が大きいと思います。もう一つ考えられるのは、高尾山です。高尾山が人気なのは、東京にあるから。新宿から安い運賃で気軽に行くことができますし、大小のウオーキングトレイルがあって、「東京にもこんな自然が残っているんだ」と感動します。

外国人観光客の訪問先選びは、映画やアニメの影響も侮れません。ジブリ映画『千と千尋の神隠し』のモデルになったといわれている愛媛県の道後温泉本館や群馬県・四万《しま》温泉の積善館《せきぜんかん》などを訪れる外国人観光客は増えましたし、アニメ『スラムダンク』に登場した江ノ電の鎌倉高校前駅の近くの小さな踏切には、アジアからの観光客が殺到しています。

このように、映画やアニメに登場した場所が、外国人の新しい人気観光スポットになることは、これからも続きそうです。

第2章

日本人だけが知らない「外国人が好きな日本」「気に入った日本」

47都道府県で外国人の満足度が高かった観光地とイベント

この章では、「ジャパンガイド」のユーザーに訊いた訪問先の「満足度ランキング」から、日本の47都道府県で高評価だった都市や地域を紹介しています。

ランキングは訪問者数ではなく満足度に基づいていますから、訪問者数が少なくても訪れたかたの満足度が総じて高いスポットは上位に入っています。サイト内の記事で紹介した時期が比較的最近のため、まだ多くの外国人に認知されておらず、訪問者数はそれほど多くないものの、評価が高いスポットもあります。

日本の観光統計データである「二〇一八年訪日外国人消費動向調査」によると、外国人の訪問先は、1位が東京都、続いて大阪府、千葉県、京都府、福岡県、愛知県、奈良県、神奈川県、北海道、兵庫県……となっています。観光庁の訪問率ランキングを参考に、各都道府県で満足度が高いスポットをチェックしてみるのも面白いのではないでしょうか。(https://statistics.jnto.go.jp/graph/#graph--inbound--prefecture--ranking)

◆満足度ランキングの集計方法について◆

※二〇〇八年~現在までの累計データです。(★と人数は二〇一九年一〇月二七日現在)

※訪れた観光地およびイベントの満足度を★で評価。(★★★★★が満点)

※人数は参考。ジャパンガイドのユーザーで、その地を訪れ「投票した人」の数です。

※★の数が同じ場合は小数点以下第二位までで比較、さらに訪問者数が多いほうを上位にしています。

「ジャパンガイド」ユーザーによる47都道府県の満足度ランキングを大公開！日本人が意外に感じる人気スポットも？

全国の街とイベント、どこが気に入った？　何に感動した？

「ジャパンガイド」では、二〇〇八年より、会員登録しているユーザーに対して日本で訪れた先の満足度を累計調査しています。これは外国人観光客がその地を訪れた人数ではなく、訪れた人の満足度を、★から★★★★★までの五段階で評価したものです。

ウェブサイト上では、ランキングデータに★の数だけでなく人数も併記しています。人数が少ないスポットの中には、観光客が行きにくい場所にあるケースもありますし、ジャパンガイドに紹介したのが比較的最近で、投票期間が短いために累計数がまだ少ないものもあります。

また、ランキング項目には、場所だけでなく、お祭りなどの伝統行事も含めています。

日本の皆さんには、ちょっと意外なランキングもあるかもしれません。

では、次ページから、北から南まですべての都道府県をご紹介します！

北海道

1位▼知床国立公園［★4・3］／2位▼利尻・礼文［★4・2］／3位▼ニセコ［★4・1］

自然、グルメ、スキー、温泉……。四季折々の魅力が北海道の満足度を上げる

北海道の面積はスイスの約二倍もあり、スイスの国土の小ささが気になっていた私は、初めて訪れた北海道の広さに驚き、すっかり心を奪われてしまいました。

外国人にとっての北海道の魅力は、ダイナミックな自然があること。そして、夏には夏の、冬には冬の、まったく違う風景やアクティビティ、グルメを楽しめることです。

夏は野生動物、冬は流氷。「知床国立公園」が一番人気

知床《しれとこ》は、大自然を身近に感じることができる国立公園の一つです。そして、日本には四つしかない世界自然遺産（二〇一九年現在）として、国立公園の中でもワイルドな自然を楽しめるのが魅力です。

夏は、ハイキングやウオーキング、クルーズなどが人気です。ヒグマの生息数は世界有数だそうで、私も海岸沿いをクルーズした時、一七頭ものヒグマを見つけて興奮しました。ハイキング中に出合っていたら怖いですが、船上にいたので安心して楽しむことができました。

北海道満足度ランキング

1位	**知床国立公園**	4.3 ★★★★☆	341人
2位	**利尻・礼文**	4.2 ★★★★☆	108人
3位	**ニセコ**	4.1 ★★★★☆	355人
4位	大雪山国立公園	4.1 ★★★★☆	337人
5位	富良野	4.0 ★★★★☆	846人
6位	札幌	4.0 ★★★★☆	2453人

7位：登別温泉★4.0　8位：函館★3.9　9位：小樽★3.9　10位：大沼公園★3.8　11位：松前★3.8　12位：洞爺湖★3.6　13位：阿寒摩周国立公園★3.6　14位：旭川★3.5　15位：ルスツ★3.4　16位：支笏湖★3.4

数時間のクルーズ中に、トドやイルカなどにも出合い、「日本には、こんなにたくさんの野生動物が暮らせる手つかずの自然もあるのか！」と、新しい日本を発見することができました。

知床の冬の魅力は、なんといっても流氷です。流氷観測のクルーズ船に乗って、船から流氷を眺めるのもいいですが、もっとエキサイティングな体験として特にアジアからの観光客に好評なのが「流氷ウオーク」です。これは、ドライスーツを着て流氷の上を歩いたり、流氷が浮かぶオホーツク海に入って泳いだりする約一時間のツアーです。

私が参加した日は、流氷が小さく数も少なかったため、流氷の上を歩くことはできませんでしたが、三〇分から四五分ぐらいは海を漂いました。

流氷が漂う海で泳いだのは、もちろん生まれて初めての経験です。水はかなりの冷たさでしたが、ドライスーツのおかげで凍《こご》えるほどではありませんでした。もしかしたら、信じられないような体験をした感動と興奮で、寒さを感じなかっただけかもしれません。

知床国立公園への玄関口となるウトロには、温泉付きホテルや民宿、キャンプ場などもあるので、宿泊してたっぷりと知床の大自然を味わうことができます。

ウニがおいしい！「利尻・礼文」が満足度2位

利尻礼文《りしりれぶん》サロベツ国立公園は、利尻島と礼文島とサロベツ原野からなる日本最北の国立公園です。利尻島は、島の大半を利尻山という標高約一七〇〇メートルの火山が占めていて、礼文島から眺めると利尻山の円錐《えんすい》形がとても美しく、まるで富士山のよう。礼文島は、東側はなだらかな丘陵ですが、西側は断崖や奇岩が多く、とてもユニークな地形をしています。

最も印象に残っているのは、島全体が緑色になる夏の風景です。森林ではなく、草で覆われているので、まるで緑色のカーペットを敷き詰めたように見えるのです。青い海と空に一面のグリーンが映えて、以前旅行したアイルランドの風景を思い出しました。

礼文島には、いくつもトレッキングコースがあります。中でも驚いたのは、海岸の近くで高山植物を鑑賞できることです。コースを歩きながら高山植物の花畑を発見し、天気が良ければ海の向こうに雄大な利尻山を望めます。

六月中旬から七月にかけて咲く礼文町の町花・レブンウスユキソウは、スイスの国花エーデルワイスに似ていて、見つけた時はうれしくなりました。スイスでもハイキングをしながら高山植物を観賞できますが、利尻礼文サロベツ国立公園は、海を眺めながらハイキングを楽しめるので、私の母国のスイスとはまったく違います。

海に囲まれているだけあって、ウニのおいしさにも感激しました。泊まった民宿の朝食に、ウニが山盛りで出てきたのです。ウニが苦手な外国人もいますが、私は初めて食べた時から好きでした。口に入れると海の味がして、今も大好物の一つです。

「ニセコ」のパウダースノーは英語圏訪日客に根強い人気

3位に入ったニセコは冬のスキーリゾートとして、外国人に知られるようになりました。魅力は、何といっても積雪量の多さと雪質の良さです。サラサラのパウダースノーに魅せられ、世界中からスキーを楽しむために旅行者がやってきます。

四つあるスキー場は、ファミリーから上級者まで楽しめるコースがいっぱいあるので、何日滞在していても飽きません。オーストラリアの企業が進出し、不動産を購入する外国人も増えていますし、レストランでも英語メニューが当たり前のように用意されています。言葉の点でも外国人には過ごしやすいスキーリゾートなので、満足度が高いのでしょう。

何年か前に、取材で妻とニセコに行ったのですが、レストランを見回すと、日本人は私の妻一人だけ。海外のスキーリゾートに来たような錯覚を覚えたほどです。

大自然と一人向き合える「大雪山国立公園」が4位に

大雪山《たいせつざん》国立公園が外国人観光客に支持されているのは、すごくうれしいですね。なぜなら、「日本で一番好きな場所は？」と聞かれたら、「大雪山」と即答するほど、私は大雪山が大好きだからです。

大雪山は、北海道の真ん中にそびえる火山群の総称で、大雪山という単独の山はありません。北海道最高峰の旭岳を中心に、トムラウシ山、十勝岳連峰、石狩連峰などの壮大な山々が連なる、陸地面積では日本一広い国立公園で、総面積は神奈川県と同じぐらいです。

初めて大雪山を訪れたのは一五年ほど前ですが、以来、毎年九月中旬になると紅葉の取材に出かけるのが、私の年中行事となっています。毎年ここを訪れているのは、日本で最初に紅葉を見られる場所だからです。

大雪山の紅葉の時期が近づくと、バックパックに防寒具を詰め込みながらワクワクしてきます。私が住んでいる群馬県藤岡市はまだ残暑が厳しいのに、大雪山はもう紅葉の時期。こうした季節の違いに、日本列島の長さを実感します。行く年によっては、うっすらと雪が積もっていることもあり、雪と紅葉という不思議な景色に出合えた時の感動は、言葉では言い表せません。

神奈川県ほどの面積がある大雪山国立公園。雄大な景色を眺めながらのハイキングが人気です

大雪山の真ん中あたりに、お鉢平《はちだいら》という火山が爆発してできたカルデラがあり、その周りを三、四時間かけて歩くのですが、お鉢平に行くまでも、二、三時間のハイキングが必要で、簡単には行けない場所ですね。たまにリスやキツネなどの小さな野生動物に出合います。

人工的なものが何一つない大自然を独り占めしながら、静けさを楽しむ。手を加えていないから何も変わっていないのに、行くたびに新しい発見がある——それが、大雪山の魅力です。

最近でこそ、時々大雪山で外国人と出会うようにもなりましたが、多くの外国人観光客は、東京のような街をイメージして日本を訪れるので、日本にこんな大自然があることなど想像できないと思います。日本人でも、まだ体験したことのない人は多いのではないでしょうか。

「富良野」から美瑛に広がるラベンダー畑はアジア圏旅行者の憧れ

富良野《ふらの》から美瑛《びえい》に続くまっすぐな道路、その両側に草原のような畑がどこまでも続く風景は、どちらかといえば都会的な日本のイメージを一変させる素晴らしさです。

七月になると、富良野はラベンダーが畑をパープルに彩り、美瑛では緩やかな丘が天然色のパッチワークで覆われます。富良野は冬のスキーも人気ですが、外国人、特にアジアからの観光客に人気が高いのは夏でしょう。ヨーロッパからの観光客にとっては、南仏プロヴァンスの風景にちょっと似ているので、それほど珍しくはありませんが、アジアからの観光客には忘れられない風景となり、それが満足度につながっていると思います。

以前立ち寄った美瑛のレストランには、中国語版の北海道写真集が置いてありました。レンタカーで多くすれ違う台湾や中国からの観光客は、そんな写真に憧れて訪れるのだと思います。

雪まつり目当ての外国人も多い「札幌」

札幌は空港があるので、北海道周遊の起点として滞在する人も多いはず。食事や観光、ショッピングなど、北海道らしさをひと通り楽しめる、観光客の期待を裏切らない街だと思います。新鮮な魚介類やジンギスカン、メロンやじゃがいも、トウモロコシなど、北海道には食のブランド力がありますし、おみやげとして特にアジアからの観光客に好まれている「白い恋人」は、工場見学ができるので、テーマパークのような感覚で楽しめます。

冬には、雪まつりを目当てに訪れる外国人も増えています。雪を見たことがない暑い国から来た外国人にとっては、冬の寒さ自体がアトラクションですし、雪まつり開催中の大通《おおどおり》公園の屋台で熱々のラーメンやじゃがバターを食べるのも、旅を満喫したい旅行者の大きな楽しみの一つです。

また、今回満足度9位だった小樽《おたる》は、札幌から普通列車で一時間もかからないので、二つの街をセットで訪れる外国人観光客は多いと思います。

近年、外国人観光客も注目するようになったのが、冬に行なわれる「小樽雪あかりの路《みち》」のイベントです。運河の周辺をメイン会場に、街のいろいろなところでキャンドルが灯され、とてもロマンチックです。大規模ではありませんが、雪の中に光るほのかな灯りをゆっくり楽しむことができますし、幻想的な写真を撮れるので、人気イベントとなっています。

青森県

1位▼ねぶた祭［★4・7］／2位▼恐山［★4・6］／3位▼八甲田山［★4・5］

外国人観光客もハネトになれる「ねぶた祭」、簡単には行けないからこそミステリアスな「恐山」

満足度高！　ねぶたの大きさ・美しさに圧倒される「ねぶた祭」

灯りを使う夏祭りの一つ「ねぶた祭」が青森県の満足度ナンバーワンでした。ねぶたが運行する間、お囃子《はやし》がずっと続いていて、ハネト（踊り手）の踊りとともに観客も一緒に盛り上がれる、素晴らしい雰囲気の夏のお祭りです。外国人でも、正式なハネトの衣装をレンタルして参加できるのはうれしいですね。満足度が高いのも納得です。

ねぶたの装飾は素晴らしいアート。サムライや神話などさまざまなテーマで造られます。「青い海公園」内にできる制作小屋「ねぶたラッセランド」に行くと、ねぶたを間近で見学できます。そこから徒歩一〇分の文化観光交流施設「ねぶたの家ワ・ラッセ」にも、実際のねぶたの展示があり、祭り以外の時期に訪れる観光客におすすめしたいスポットです。

「恐山」は特別な場所。「八甲田山」ハイキングから酸ヶ湯温泉へ

青森県の北東部にある下北半島は、日本でも行きにくい地域の一つです。その、さらに山深いところにあるのが青森で満足度2位の「恐山《おそれざん》」。菩提寺《ぼだいじ》というお寺があり、宿坊もあります。

恐山は火山なので、あたりは硫黄《いおう》の香りがしています。景色はやはりすごく特別ですね。地獄谷のようなところがあって散策できるのですが、荒涼とした風景の中に、お地蔵さまや風車《かざぐるま》、積み上げた石などが見られます。「宇曽利《うそり》湖」というカルデラ湖の周辺はきれいな眺めで、地獄と極楽のミックスのようなイメージがあります。

霊場ですから、やはりスピリチュアルな雰囲気がありますが、わざわざ恐山まで行く外国人は、そのような場所が好きな人で、それで満足度が高くなったのだと思います。

「八甲田山」は県内ほぼ中央に位置する火山群の総称で、八甲田山という単独の峰はありません。3位になった理由の一つは酸ケ湯《すかゆ》温泉旅館だと思います。この旅館には、全部木造の「ヒバ千人風呂」という大浴場があって、昔ながらの湯治場の雰囲気を残しているのです。男女混浴ですが、女性専用の時間帯がありますし、売店には女性用の「温泉着」が売られています。日帰り入浴ができ、たいへん人気なので、静かに温泉を楽しみたい人は泊まったほうがよいと思います。

八甲田山自体は、雄大な自然の景色が美しいところで、ロープウェーもあって、ハイキングなどが楽しめます。冬は豪雪地帯として有名で、スキー場も賑わっています。

岩手県

1位▼北山崎［★4・7］／2位▼龍泉洞［★4・5］／3位▼猊鼻渓［★4・3］

自然豊かな岩手県はスケール感抜群！満足度トップ3はすべて岩の景観に

断崖クルーズでも遊歩道からでも。「北山崎」の絶景が1位に

高さ二〇〇メートル以上ある断崖が約八キロメートルにもわたって続く、変化に富んだ美しい海岸が「北山崎《きたやまざき》」です。スケールの大きさが半端なく、それが満足度につながりました。遊歩道があり、一部は階段になっていて、よく整備されています。三カ所ある展望台からの眺めはまさに絶景。日本ではないような、ダイナミックな景観が広がります。近くの島越港《しまのこしこう》から出発する断崖クルーズもエキサイティング。迫力ある崖を海側から眺められます。

「龍泉洞」と「猊鼻渓」は自然が作った奇跡の景勝地

2位の「龍泉洞《りゅうせんどう》」は日本三大鍾乳洞の一つ。内部はかなりアップダウンがありますが、コースに沿って行けば安全です。洞内には水が多く、川や地底湖があって感動的な空間が広がっています。洞窟はミステリアスで、外国人も興味津々。入ってみたいという好奇心をくすぐられ

自然がつくるダイナミックな景観が魅力の北山崎

ます。龍泉洞は散策するにはちょうどいい大きさで、少し怖い部分もありますが、比較的歩きやすく楽しめます。

3位は、切り立つ岩壁がすごい、砂鉄《さてつ》川沿いの渓谷「猊鼻渓《げいびけい》」です。猊鼻渓の楽しみ方はやはり舟下り。木の船で、一人の船頭さんが一本の棹《さお》で漕いでいきます。舟はゆっくり、深い渓谷をだんだん奥へ。あのゆっくりさがいいですね。いちばん奥には上陸できる場所があり、そこで「運玉《うんたま》」投げに挑戦できます。対岸の岩に自然にあいた穴を目がけて、文字が書かれた素焼きの玉を投げ入れるのです。運玉は、五個で一〇〇円、なかなか楽しいです。猊鼻渓は季節によって景色が変わり、新緑、紅葉、雪景色、どれも美しい。世界遺産の平泉・中尊寺《ひらいずみちゅうそんじ》などが近いので一緒に楽しむ旅行者も多いようです。

宮城県

1位▼田代島［★4・4］／2位▼松島湾［★4・1］／3位▼瑞鳳殿［★3・7］

外国人にも有名な猫島は猫好きの聖地。日本三景「松島湾」も納得の満足度

猫好きの連帯感が心地よい「田代島」

満足度1位は日本の猫島の一つ、「田代島《たしろじま》」。猫好きな人には特別な場所です。小さい港と村があり、「日本に来た」と感じられる昔ながらの雰囲気があって、それも人気の理由でしょう。港は二つあり、猫が集まっているのは仁斗田《にとだ》港のほう。島は歩いて散策できる大きさで、港周辺やちょっとした路地裏など、いろいろなところに猫がいてとても楽しい。ほぼ中央に猫神社もあります。島の中で会うのはほとんど同じ船で来た人で、帰りのフェリーもみんなニコニコしているのが印象的でした。

比類なき美しさの「松島湾」、伊達家ゆかりの「瑞鳳殿」も人気

2位は「松島湾」。松島は日本三景の一つで、いつも観光客が多いところです。松島の素晴らしい景色を堪能するには、船での島巡りが人気。複数のフェリー会社が運航していて、いろ

猫好きの聖地、田代島。島の至るところに猫がいて、港でもお出迎えしてくれます

いろなコースが選べます。大小さまざまな島が松で覆われている様子は、満足度2位も納得の美しさです。

歩いて行ける近くの二つの島に渡って見る方法もおすすめです。一つは福浦島《ふくうらじま》。朱塗りの長い橋（有料）を渡ると、島内は遊歩道がある自然公園になっています。もう一つの雄島《おしま》はかつて僧が修行した霊地で、修行僧が使った岩窟があちこちに残されています。

3位の瑞鳳殿《ずいほうでん》は、仙台市にある伊達政宗の霊《れい》廟《びょう》です。日光東照宮に少し似たイメージがありますが、こちらは黒を基調としていて、たくさんの装飾が施され色鮮やかなのが特徴。外国人が好きなタイプの建物です。隣りにある資料館は、小さいですが、発掘調査で見つかった副葬品や正宗の遺骨のレプリカなど、興味深い展示があります。

秋田県

1位▼竿燈まつり［★4・6］／2位▼乳頭温泉郷［★4・6］／3位▼角館の桜［★4・5］

外国人が大好きな祭り、温泉、桜……。秋田の魅力は「感動体験」と「くつろぎ」がキーワード

高い技術にも感動する「竿燈まつり」が満足度1位

私の住む群馬県藤岡市の夏祭りを除いて、個人的にいちばん好きなのが秋田市の「竿燈《かんとう》まつり」です。かなりユニークで他に類を見ない、満足度1位もうなずける真夏のお祭りです。稲穂をイメージした竿燈が約二八〇本も登場する、その迫力は大変なものですが、四六個もの提《ちょう》灯《ちん》が付いた竿燈を、ただ持つのではなく、手のひら、額、肩、腰に載せてバランスを取るのには技術が必要。以前、実際に竿燈を持つ機会がありましたが、信じられない重さでした。

本物のロウソクを使っていることにも驚きました。提灯の底が一部あいていて、もし竿燈が倒れても、提灯の下から入る風によってロウソクの火が消える仕組みになっているのです。夜空をバックにゆらゆら揺れる竿燈の様子は、本当に美しく感動的です。

2位「乳頭温泉郷」と3位「角館の桜」はランキングの常連

ジャパンガイドの満足度ランキングでは常に上位の「乳頭温泉郷《にゅうとう》」。その中でいちばん有名なのは、最も古い「鶴の湯」です。江戸時代の雰囲気がある本陣の建物が入口のすぐ横にあり、その光景を見ると誰もが感動します。鶴の湯には源泉が異なる四つのお風呂があり、中でも乳白色の混浴露天風呂が有名。源泉が下にあり、足元からお湯が湧き出してきます。食事は囲炉裏《いろり》で名物の山の芋鍋や岩魚の塩焼きを食べれば、格別の思い出になります。

乳頭温泉郷には全部で七つの宿（鶴の湯・妙乃湯・黒湯温泉・蟹場《がにば》温泉・孫六温泉・大釜温泉・休暇村乳頭温泉郷）があり、十種類以上の源泉があります。宿泊者限定の『湯めぐり帖』を買えば、すべての湯が利用可能ですから、湯めぐりを楽しむ外国人もいます。

3位の「角館《かくのだて》の桜」は、日本のお花見スポットでもトップクラスの人気です。特に評価が高いのは武家屋敷通りの枝垂《しだ》れ桜。黒板塀にピンクの花がよく映えて、とても美しく、通りの両側に大木の枝垂れ桜が咲き揃い、その下を歩くのは素晴らしい体験になります。人気が高すぎて観光客が増えてしまったので、静かに観賞したいなら早朝をすすめたいですね。

角館にはもう一つの桜スポットがあります。武家屋敷から歩いて数分のところにある桧木内《ひのきない》川の川堤で、こちらの花はソメイヨシノ。川沿いの土手約二キロメートルにわたって桜並木が続くさまは壮観です。

二種類の桜を二つの異なるタイプのロケーションで見られることで、角館の桜の満足度はかなり高くなっています。

東北

山形県

1位▼山寺［★4・4］／2位▼出羽三山［★4・3］／3位▼銀山温泉［★4・0］

スピリチュアルな雰囲気が好きな外国人なら、登ってみたい「山寺」と「出羽三山」

岩山に建つミステリアスな寺や神社は欧米人も大好き

険しい岩山の上に建てられた「山寺」。正式名称は宝珠山立石寺《ほうじゅさんりっしゃくじ》です。そのような場所に建てられたお寺は神秘的で、外国人は大好きです。まず下の登山道から入り、根本中堂《こんぽんちゅうどう》にお参りして、山門をくぐると、奥之院まで一〇一五段の石段が続きます。いろいろな建物を通り、だんだん岩山を登っていくと、ようやく五大堂に到着。努力しないと行けない場所というのも、特別な感じがします。五大堂からの眺めは本当に素晴らしい。季節ごとの風景もきれいで、特に紅葉の時期は人気です。

山寺よりさらにミステリアスなのが「出羽三山《でわさんざん》」です。もちろん素晴らしいところなのですが、評価がこんなに高いとは驚きました。羽黒山、月山《がっさん》、湯殿山の総称で、山岳信仰の大事な山。頂上にはそれぞれ神社があります。

羽黒山は、できれば下から歩いて登ったほうがいい。途中、森の中で国宝の五重塔が見られるからです。頂上までは二四四六段の石段をひたすら上ります。月山は奥にあって、夏にしか行けません。ひじょうに雪が多いところなのです。湯殿山は春・夏・秋は行けますが、三つの中でいちばん謎に満ちた場所です。湯殿山で見たことは話してはいけない決まりなので、これ以上は話せません。

外国人は、時間が許せば三つとも登りたいと思っています。車があれば、強行軍にはなりますが二日で登れます。ただし月山は七〜九月が開山時期なので、季節的に限られます。

大正浪漫な雰囲気が好まれる「銀山温泉」は3位

「銀山《ぎんざん》温泉」の景観は本当に素晴らしいです。温泉街の中央に川が流れ、両側に古い木造の建物が並ぶ写真は有名ですね。昼間もいいですが、夜、ガス灯が灯された町は、何とも風情があります。建物は新しい時代のものもあると思いますが、大正ロマンっぽい雰囲気で景観が統一されているのが、少し昔の美しい日本のイメージにぴったりです。宿泊する人は、ぜひ散歩に出て温泉情緒に浸ってほしいですね。

「おしんこけし」も有名で人気があります。銀山温泉がドラマ「おしん」の舞台になったからです。ドラマを知らなくても、こけしが好きな外国人はけっこう多く、おみやげに人気です。

東北

福島県

1位▼大内宿［★4・2］／2位▼鶴ヶ城［★3・7］／3位▼東山温泉［★3・6］

茅葺き屋根が続く「大内宿」は外国人の理想の宿場町。会津のシンボル「鶴ヶ城」はリニューアルで注目度アップ

全国屈指の美しい宿場町「大内宿」は満足度ナンバーワン

全国の宿場町の中でも人気が高く、大変よく保存されているのが「大内宿《おおうちじゅく》」です。茅葺《かやぶ》き屋根が連なる町並みはとても印象的。一度舗装された道路をまた土に戻したのだそうで、それもタイムスリップしたかのような雰囲気を作り出しています。町が賑やかすぎると感じたら、裏手の小さい森の中の高倉神社で静かなひとときを過ごせます。

大内宿の名物は「ねぎそば」。一本のネギをお箸代わりにお蕎麦を食べます。しかも、ネギも食べながらです。これも観光客には楽しい「体験」ですね。外国人もけっこう挑戦していました。

「鶴ヶ城」と会津藩の湯治場として栄えた「東山温泉」も高ランキング

会津の観光スポットが2位と3位になりました。「鶴ヶ城《つるがじょう》」の天守は一九六五年に復元され

茅葺き屋根の家並みが美しい大内宿。かつての宿場町の風情がよく残されています

たものですが、お濠や石垣などによりかつての姿を偲ぶことができます。東日本大震災の年に屋根を昔のような赤瓦に戻す改修が行なわれました。五層の天守はたいへん美しく、日本のトップ10に入ると思います。二〇一五年には天守内の郷土博物館を全面リニューアル。天守のライトアップもLED照明にして、色のバリエーションが豊富になりました。桜の季節は素晴らしいお花見スポットです。

鶴ヶ城から約四キロの「東山温泉」は、江戸時代に会津藩の湯治場として栄え、現在も二〇軒ほどの宿があります。中でも有名なのが「向瀧《むかいたき》」。国の登録有形文化財に指定された見事な木造建築の老舗《しにせ》旅館です。全室違う造りの客室、レトロな雰囲気のお風呂、廊下からは中庭が眺められ、すべてにおいて外国人が大好きなタイプの宿です。

茨城県

1位▼国営ひたち海浜公園／2位▼袋田の滝／3位▼偕楽園［★3・4］

国内外の旅行者が春はブルー、秋は真紅に染まる丘へ。日本三大瀑布、日本三名園も外せない目的地

SNSの写真から人気爆発！「国営ひたち海浜公園」が1位

「国営ひたち海浜公園」は、花の写真で海外からも注目されるようになりました。インスタグラムなどSNSの影響ですね。青いネモフィラと赤いコキアが最も有名。四～五月にネモフィラの花が咲くと、丘は一面ブルーに染まり、空の青、海の青とともに三つのブルーが見られると大人気です。そのあと、夏はグリーンだったコキアが九～一〇月には紅葉し、今度は丘が真っ赤になり、これも絶景。そのほかにも四季折々たくさんの花が咲いています。公園内はとても広いので、電車やサイクリングで移動しながら、いろいろな遊び方ができます。

大迫力の絶景「袋田の滝」、「偕楽園」は梅まつりが特に人気

華厳《けごん》の滝、那智《なち》の滝とともに日本三大瀑布《ばくふ》の一つ「袋田《ふくろだ》の滝」が2位。岩壁を四段にわたって落ちる滝が大きく広がって流れるフォルムは珍しく、音も飛沫《しぶき》も大迫力です。滝の近くまで

ベールが広がるような美しい姿の袋田の滝

関東

はトンネルを通って行けますが、正面の「第1観瀑台」に出た瞬間は感動しますね。さらにエレベーターで上の「第2観瀑台」に行くと、見下ろすようなアングルになります。戻る時は滝の横からの景色も見られ、かなり楽しめます。

3位の「偕楽園《かいらくえん》」は日本三名園（日本三大庭園）の一つ。金沢市の兼六園、岡山市の後楽園とともに有名です。水戸藩九代藩主の徳川斉昭《なりあき》によって造られ、「偕楽」の名は『孟子』の一節「民と偕《とも》に楽しむ」から付けられました。兼六園と後楽園は大名のための庭園でしたが、偕楽園は斉昭が領内の民とともに楽しむ場にしたいと造ったそうです。園内には約一〇〇品種、三〇〇〇本もの梅が植えられ、二～三月の梅まつりには外国人もこぞって訪れます。

※1位と2位は比較的新しく掲載されたスポットのため、サイト上に数値が出ていませんが、詳しい内部資料に基づき順位を割り出しました。

栃木県

1位▼日光東照宮［★4・4］／2位▼大猷院［★4・2］／3位▼湯西川温泉［★4・2］

世界遺産「日光東照宮」は訪問者数もケタ違い。平家落人伝説が残る秘湯で外国人がしたい体験は？

華やかさと神秘性に酔う満足度トップはやはり「日光」

栃木では、やはり「日光東照宮」が1位でした。あの極彩色の装飾が施された国宝・陽明門《ようめいもん》などの建物は、とにかく外国人にはたいへんな人気です。目で見てわかる素晴らしさなのでしょう。どこをとっても写真映えします。それだけではなく、森の中にあり、スピリチュアルな雰囲気というロケーションの良さも人気の理由です。東京から行きやすいのもポイントでしょう。日帰りで行く人もいますが、奥日光の中禅寺湖や華厳の滝も見たいなら、一泊することをおすすめしています。奥日光の自然も日光の魅力の一つですから。

東照宮とともに日光山の二社一寺と呼ばれるのが、二荒山《ふたらさん》神社と輪王寺《りんのうじ》です。この輪王寺の一部が、2位にランクインした「大猷院《たいゆういん》」。徳川三代将軍・家光の墓所で、東照宮とほぼ同じような構造ですが、祖父・家康をしのいではならないと、黒と金を基調にしました。ふつうお寺は南を向いて建てられますが、家康への敬意から、ここの本殿は東照宮がある東北（鬼門）

の方向を向いています。

大猷院が外国人に人気の理由は、ここまで足を延ばす人が少なくて静かで、東照宮よりも荘厳な雰囲気があるためではないかと思います。建物は似ていますし、同じように散策できることから、満足度が高くなったのではないでしょうか。

山奥、伝説、秘湯。魅力いっぱいの「湯西川温泉」が3位

3位の「湯西川《ゆにしかわ》温泉」は、日光国立公園の中でもかなり山奥にあります。平家の落人《おちうど》伝説があるところで、今も、鯉のぼりを上げてはいけない、時を告げるニワトリを飼ってはいけないという風習が残っています。東京からは直通電車で鬼怒川《きぬがわ》温泉まで行き、その後また電車、さらにバスに乗り換えなければなりません。本当にリモート（人里離れている）で、別世界のよう。宿の夕食は湯西川名物の囲炉裏料理が多く、魚や野菜の串、また熱燗も竹の器に入っていて、灰に立てて温めます。そんな風情も外国人旅行者にとっては魅力です。

雪深いところですが、冬が意外に人気なのは、「かまくら祭」のおかげかもしれません。一月末から三月初旬にかけて行なわれ、地元のボランティアのかたたちが手作りしたミニかまくらが、川原に一〇〇〇個以上も並べられるのです。中のロウソクに火が灯るとたいへん幻想的で、その美しい世界が、この地を訪れた外国人の満足度を押し上げているようです。

関東

群馬県

1位▼草津温泉［★4・0］／2位▼尾瀬国立公園［★3・9］／3位▼四万温泉［★3・9］

日本有数の温泉「草津」「四万」は泉質の良さが高評価。「尾瀬国立公園」は自然の宝庫

群馬が誇る「草津温泉」「四万温泉」が上位に

「草津《くさつ》温泉」は間違いなく日本一の温泉だと思います。泉質の良さがいちばんの理由。実を言うと、私の満足度も1位です。東京から比較的近いので、昔から多くの著名人が湯治《とうじ》に訪れました。私は群馬県に住んでいますが、同じ県内でも草津まで車で二時間ほどかかります。それもちょうどいい遠さに感じ、町に近づくと硫黄の匂いがしてきてワクワクします。

湯畑の景観が素晴らしいのが二つ目の理由。あの豊富な湯量はすごい。湯を冷ますために作られたシステムですが、迫力がありますし、湯量の多さ・熱さも感じるし、そんな湯畑が町の中心にあるのは素晴らしいことです。よそでは見たことがありません。

近年は、町の努力のおかげで、湯畑周辺が整備され、どんどんきれいになっています。多くの観光客が浴衣《ゆかた》と下駄で気軽に散歩しています。素泊まり専用の宿もでき、観光客は夕食を摂りに町の飲食店に出かけることができます。町全体の活気のためにも良いことだと思います。

日本有数の広さを誇る露天風呂やお湯が流れる川があり、伝統の湯もみショーも行なわれています。豊かな自然に囲まれ、夏は景色のいいハイキングを楽しめ、冬はスキーもできる、日本人にとってはもちろん、外国人にとっても屈指の温泉リゾートだと思います。

3位にも名湯「四万《しま》温泉」がランクインしました。四万《よんまん》の病に効くと言われているほど、お湯の効能は高いです。町は大きすぎないサイズ。賑やかな温泉地があまり好きではない外国人もいるので、そういう人たちは四万温泉が好きですね。

四万温泉のハイライトの一つは積善館《せきぜんかん》です。歴史ある旅館ですが、本館の「元禄《げんろく》の湯」は木造ではなく、洋風のレトロな浴室で、大正ロマンっぽい雰囲気が人気です。積善館の前には川が流れていて橋が架かり、『千と千尋の神隠し』の湯屋のモデルの一つと言われています。

自然豊かな「尾瀬」は夏だけでなく春や秋も美しい

群馬、福島、新潟、栃木と四県に広がる「尾瀬国立公園」が2位になりました。群馬の面積がいちばん大きく、木道《もくどう》を歩くハイキングは群馬側からが行きやすいです。釧路に次いで二番目に大きな湿原である尾瀬は、山の景色も素晴らしいトップクラスのハイキング・デスティネーション。これほど豊かな自然のエリアが大都会の近くにあることに驚かされます。東京から電車とバスを乗り継いでも三時間半ほど。春から夏はさまざまな花が咲き、秋は草紅葉《くさもみじ》が訪れた人すべてを楽しませてくれることも人気の秘密だと思います。

埼玉県

1位▼秩父夜祭［★4・6］／2位▼鉄道博物館［★4・2］／3位▼三峯神社［★4・0］

珍しい冬の祭りと花火は圧倒的な人気。関東一のパワースポットは東京から近いのも魅力

埼玉県を訪れる外国人の注目株は「秩父夜祭」と「三峯神社」

1位の「秩父夜祭」は、数少ない冬の祭り（雪まつりではない）で、毎年十二月二・三日に行なわれる秩父神社の例大祭です。夜の町を屋台の灯りが華やかに彩り、冬の花火も見られる人気のイベントで、東京から日帰りも可能。夏は日本各地で夏祭りが行なわれていますが、冬に訪日する外国人は祭りを見る機会がほとんどないので、満足度が高いのでしょう。京都の祇園祭、飛騨の高山祭とともに「日本三大曳山祭り《ひきやま》」に数えられ、二〇一六年にはユネスコ無形文化遺産に登録されました。

同じ秩父にあり、埼玉県の満足度3位にランクインしたのが「三峯神社《みつみね》」です。東京からの直線距離は近いのに行きにくい神社で、秩父からバスでかなり山奥まで行き、さらに歩きます。ですが、簡単に行けるより価値があると思う外国人も多いのです。深い森の中にあり、近年大規模な修復を終えた随身門《ずいしんもん》、本殿、拝殿が、鮮やかな姿を見せています。遥拝殿《ようはいでん》からは秩

秩父夜祭は冬の夜に行なわれる珍しいお祭り。屋台（山車）の灯りに、より温かみを感じます

父の山々が一望でき、奥に見える妙法ヶ岳《みょうほうがたけ》の頂上には奥宮があります。関東一のパワースポットとして有名で、スピリチュアルな雰囲気に満ちている神社です。

鉄道ファンの聖地は外国人鉄ちゃんにとっても聖地！

さいたま市の「鉄道博物館」が2位になりました。多くの実物車両の展示があり、各種シミュレータやミニ運転列車などの体験型が人気で、大ジオラマもあって誰でも楽しめます。窓の外には本物の新幹線も走っています。

「外国にも〝鉄ちゃん〟はいるんですか？」とよく聞かれますが、鉄道網が発達している国、たとえばスイス、イギリス、ドイツには多いと思います。名古屋の「リニア・鉄道館」もランクインしていることがそれを証明していますね。

千葉県

1位▼鋸山［★4・5］／2位▼東京ディズニー・シー［★4・4］／3位▼成田山新勝寺［★3・7］

ハイキングをしながら富士山が見える穴場スポットが！世界に一つの「東京ディズニーシー」は当然のランクイン

まだ混雑してない「鋸山」。地獄のぞきはスリル満点！

房総半島の南部にある標高三二九・四メートルの「鋸山《のこぎりやま》」は、まだあまり知られていない穴場スポットだと思います。訪れる人はそれほど多くないのに外国人の満足度は高い！　それはすごく面白い体験ができるからです。南斜面全体が「日本寺《にほんじ》」の境内で、麓《ふもと》には大仏も。いくつかのハイキングルートを辿って頂上までは三〇～四〇分で行けますし、ロープウェイもあります。ルート沿いには、絶景ポイントの十州一覧台や百尺観音などがありますが、何といっても圧巻は山頂展望台にある「地獄のぞき」。張り出した岩の上に立って、はるか下をのぞき込むと、足がすくみます。晴れた日には、東京湾の向こうに富士山が見える絶景スポットです。

日本にしかない「東京ディズニーシー」はアジア圏からの旅行者の定番目的地

東京ディズニーシーは、外国人ユーザーの混乱を避けるため、ウェブサイト上では「東京」

に入っているのですが、もちろん千葉県を代表する観光スポットです。

ディズニーランドは世界にいくつもあるものの、海をテーマにしたディズニーシーは、今のところ世界に一つだけ。それが日本で、アジアからの観光客には特に人気です。ディズニーキャラクターに会えるのはもちろん、外国のような空間を散策し、ライドに興奮し、食事とお酒でリラックスできる大人のためのリゾートとしてのコンセプトが高評価の秘密でしょう。

乗り換えの空き時間に行ける「成田山新勝寺」も人気

成田国際空港でトランジットがあり、日本のお寺を見たい、または空港へ行く前に観光したいという外国人にちょうどよいスポットが「成田山新勝寺《なりたさんしんしょうじ》」。空港から電車で約八分、徒歩で一〇分の近さです。立派な大本堂や三重塔が見られるので、短い時間でもかなり満足できます。表参道もおもしろく、昔の面影を残す町並みが続き、名物であるうなぎのお店が約六〇軒も軒を連ねています。成田国際空港に近いこのお寺が高い満足度となったのは納得です。

もう一カ所、空港から電車で一時間弱で行けるのが、小江戸《こえど》と呼ばれる町の一つ佐原《さわら》。東京ディズニーシーが千葉県の2位に入ったため4位となったのですが、この町は江戸情緒たっぷりで外国人が大好きな雰囲気。水郷の町として知られ、川沿いには古い町並みが広がり、舟での観光もできます。江戸時代に日本全国を測量した、佐原にゆかりのある伊能忠敬《いのうただたか》の旧宅や記念館もあります。

東京都

1位▼柴又［★4・5］／2位▼三鷹の森ジブリ美術館［★4・4］／3位▼三社祭［★4・4］

多くの外国人観光客が訪れる国際都市東京。満足度1位は、初登場の「柴又」

日本に来て、東京を観光しない外国人はほとんどいないと思います。近未来的な街、流行を発信する最先端の街、昔ながらの下町……東京は、いろいろな表情で観光客を魅了します。人の多さと入り交じる音、あらゆるもののスピード感に圧倒されながら街を散策し、グルメやショッピング、ナイトライフを楽しめるのが「観光地東京」です。

ポスト浅草⁉　昔の下町情緒が残る「柴又」は人気上昇の機運

外国人にとって古い東京を味わえる街といえば浅草ですが、最近の浅草は外国人観光客でちょっと混雑しすぎです。そのせいもあって、同じように下町らしさを味わえて、のんびり散策ができる柴又《しばまた》に行ってみたら、「人が少なくて、よかった！」と感じる旅行者も多いのでしょう。

私も帝釈天《たいしゃくてん》参道の雰囲気が大好きです。参道の両側には、奥で実際に焼いているせんべい屋や飴切り実演が見られる飴屋などが並び、草団子や漬け物などの日本の伝統的な食べ物を軒

映画『男はつらいよ』シリーズで有名な葛飾柴又の帝釈天参道。この下町情緒がウケて、外国人の人気が急上昇中!

先で販売している様子もおもしろく、映画に出てくる昔の日本を見ているような気持ちになります。外国人の中にも寅さんファンはいるので、その影響で柴又を訪れる観光客もいるでしょう。

参道の先にある柴又帝釈天も素晴らしい。「彫刻の寺」とも呼ばれているそうですが、帝釈堂を囲む装飾彫刻は本当に精巧で、浮いているかのように見える彫刻の立体感に、時間を忘れて見とれてしまいます。帝釈堂は、まるで屋外ミュージアムです。

帝釈堂の奥にある邃渓園《すいけいえん》と彫刻ギャラリーの見学は有料ですが、手入れの行き届いた日本庭園でひと休みできるので、お金を払ってもそれに見合う満足を得られると思います。

帝釈天を訪れる外国人は、これからますます増えるでしょうね。

チケット即日完売の「三鷹の森ジブリ美術館」は安定の満足度

アカデミー賞・長編アニメ映画賞を受賞した『千と千尋の神隠し』をはじめ、海外でも宮崎駿監督のアニメーションのファンは多く、ジャパンガイドのフォーラムにも「いろいろな意味を含んだ複雑なストーリーがいい」などのコメントが寄せられています。ジブリ映画で育った世代にとっては聖地のようなところですから、三鷹の森ジブリ美術館の満足度が高いのは当然といえるでしょう。

外国人にも根強い人気の三鷹の森ジブリ美術館だけに、予約制のチケットは即完売になってしまい、日本滞在中に手に入れるのは難しいのが問題です。最近は、ローソンチケットの英語サイトからの予約・購入や、海外のＪＴＢグループ会社での購入が可能になりましたが、訪日客がもっと簡単にチケットを買えるようなシステムの進化を多くの外国人が願っています。

祭りの興奮を体感できる「三社祭」に興味津々

日本の祭りを見たい外国人観光客はたくさんいます。ですが、祭りの日程に合わせて地方まで足を延ばすのは大変です。その点、三社祭《さんじゃまつり》は、東京に滞在する外国人が必ずと言っていいほど訪れる浅草で、通りから神輿《みこし》を眺めることができるので人気が高いのでしょう。

初めて祭りを見る外国人にとっては、派手な色と飾りの神輿も、神輿を担ぐ人たちの衣裳も珍しくてたまりません。いつもは感情をあまり表に出さないシャイな日本人が、祭りになると人が変わったように威勢が良くなり、神輿を上下左右に荒々しく揺さぶっている姿は衝撃的ですし、日本人のお祭り騒ぎにつられて、見ている外国人も楽しい気分になります。

三社祭では、普段の東京とは違う光景に出合えるので、外国人にとっては興味津々です。

満足度4位の「東京国立博物館」では鎧兜や刀剣をじっくり鑑賞

ジャパンガイドのユーザーが日本で訪れた美術館・博物館の中で、広島平和記念資料館に次いで高評価だったのが、東京国立博物館です。博物館に関心を持つ人はシニア世代に多く、足を運んだ外国人の満足度は高かったようです。

上野にある東京国立博物館は、一八七二年に開館した日本最古の博物館です。国宝や重要文化財が多く、展示を見ながら日本の歴史をたどることができますが、外国人には、鎧兜《よろいかぶと》や刀剣、仏像などをじっくり鑑賞できることが魅力なのだと思います。

5位の定番スポット「浅草」は人が多すぎ⁉

たくさんの外国人観光客が浅草の雷門《かみなりもん》前で記念撮影をしている映像が、毎日のようにテレビで流れます。初めて日本に来た外国人にとって、浅草は定番の観光スポットです。両側に立つ大きな仁王像に驚きながら雷門をくぐり、両側に並ぶ店をのぞきながら仲見世《なかみせ》を歩き、浅草《せんそう》寺《じ》の本堂や五重塔を見学します。「初めての寺体験が浅草寺」という外国人は多いでしょう。

仲見世は、江戸時代から続く日本で最も古い〝商店街〟の一つです。通りの両側に店が立ち並び、日本の伝統的なおみやげや食べ物などが売られていて、いつ行ってもお祭りのような賑わいでワクワクします。私も、初めて日本に来た時は浅草を訪れ、仲見世で浴衣を買いました、揚げまんじゅうを買って食べる体験もしました。

何年か前に日本に遊びに来た友達を連れて行きましたが、さすがに人が多すぎると感じました。ですが、これも江戸の賑わい……そう思えば、楽しめそうですね。

満足度6位「渋谷」のスクランブル交差点で東京の雑踏を体感

渋谷のスクランブル交差点は、外国人にとっては本当に不思議な光景です。ですから、外国人が交差点の真ん中で写真や動画を撮っているのもわかります。

二〇〇三年公開の映画『ロスト・イン・トランスレーション』によって、渋谷のスクランブル交差点は欧米に広く知られるようになりました。こうした映画の影響もあるのでしょう。

今、渋谷は再開発の真っ最中。二〇一九年十一月にオープンした渋谷スクランブルスクエアの地上約二三〇メートルのフロアには、「SHIBUYA SKY（渋谷スカイ）」というオープンエアの屋上空間ができました。スクランブル交差点をはじめ都心の街を眼下に望めるこの場所は、外国人にとって、ますますエキサイティングな名所となることでしょう。

「築地場外市場」と「豊洲市場」、外国人はどう使い分ける？

旅先で地元のマーケットを見るのは、とてもおもしろい体験になります。世界一大きいと言われてきた「築地市場」は、外国人観光客にも長年愛されてきました。活気あふれるセリの様子を見学しているだけで、気分が高揚します。

豊洲《とよす》にマーケットが移ったのは、二〇一八年一〇月。東京では築地市場の移転は大ニュースでしたが、海外ではそうでもないので、移転したことはあまり知られていませんでした。そんな事情もあって、豊洲市場を訪れる観光客は、かつての築地市場ほど多くないようです。

私は移転後すぐに豊洲市場を見学しましたが、とても見やすくなったというのが第一印象です。見学コースが回廊になっているので、移動もラクになりました。マグロのセリを近距離で見られる一階の見学デッキは事前申込・抽選制ですが、セリ会場を見下ろす二階通路からなら、予約なしで見学することができます。

残念なのは、二階の見学通路は天井までガラス張りになっていて、セリの威勢のいい声や音が全然聞こえないことです。ガラス越しなので、写真もきれいに撮影できません。一階の見学デッキはガラスの上部が開いているので、セリの声が聞こえてきます。二階にもスピーカーを設置してもらえたら、セリの活気が耳からも伝わってくるので、うれしいですね。

ところで、豊洲に市場が移転した今、築地を訪れる外国人は減っていくのでしょうか？　私

東京都満足度ランキング（総合）

1位	**柴又**	4.5 ★★★★☆	23人
2位	**三鷹の森ジブリ美術館**	4.4 ★★★★☆	1589人
3位	**三社祭**	4.4 ★★★★☆	211人
4位	東京国立博物館	4.3 ★★★★☆	300人
5位	浅草	4.2 ★★★★☆	6344人
6位	渋谷	4.2 ★★★★☆	7215人
7位	築地場外市場	4.1 ★★★★☆	2510人
8位	明治神宮	4.1 ★★★★☆	4402人

＊東京都の満足度はサイト上では〈中央〉〈北〉〈西〉〈南〉〈近郊〉のエリア別に集計。
＊上記リストは総合順位です。

はそんなことはないと思います。築地に行く外国人観光客は、場内でマグロのセリを見たい人と場外市場の雰囲気を味わって食事をしたい人の二タイプがいます。「築地は新鮮なシーフードを食べられる場所」というイメージは定着していますから、築地に食堂が残っている限り、築地に行きたいと思う外国人はいるはずです。

今後は豊洲の人気が高まるでしょうが、「築地は築地、豊洲は豊洲」として、外国人は両方を訪れるだろうと私は予想しています。

「明治神宮」の静寂と「原宿」の喧騒のギャップも訪日客には魅力

日本の若者や外国人観光客で賑わう流行最先端の原宿にありながら、雰囲気がまったく異なる明治神宮。それぞれ11位と8位に入りましたが、賑やかな原宿と日本古来のおごそかな明治

東京都満足度ランキング（総合）

順位	スポット	満足度	人数
9位	東京スカイツリー	4.1 ★★★★☆	1663人
10位	新宿	4.0 ★★★★☆	7367人
11位	原宿	4.0 ★★★★☆	6410人
12位	御岳山	4.0 ★★★★☆	296人
13位	秋葉原	4.0 ★★★★☆	6950人
14位	高尾山	4.0 ★★★★☆	822人
15位	新宿御苑	4.0 ★★★★☆	2552人
16位	江戸東京博物館	4.0 ★★★★☆	870人

＊東京都の満足度はサイト上では〈中央〉〈北〉〈西〉〈南〉〈近郊〉のエリア別に集計。
＊上記リストは総合順位です。

神宮とのコントラストはとてもユニークで、外国人はこの組み合わせを楽しんでいます。

原宿の竹下通りはいつも賑やかで、若者向けのファッションや可愛い雑貨のお店には訪日客も注目しています。高級ブランドショップが立ち並ぶ表参道エリアの、大人の雰囲気も人気です。

明治神宮の参道である表参道、つまり原宿エリアから明治神宮に一歩足を踏み入れると、緑が深く、静かで、空気もクリーンに感じられます。長く続く参道を歩いているうちに、神道《しんとう》になじみのない外国人でも神聖な気持ちになります。運が良ければ、結婚式を終えたばかりの着物のカップルや家族に出会うこともあって、「これこそ日本」という経験ができることも。

外国人観光客の中には、明治神宮で初めての神社体験をする人も多いのではないでしょうか。

9位の「東京スカイツリー」と「東京タワー」から東京を一望

子供の頃、パリのエッフェル塔に上って景色を見下ろした時以来、私は高いところから景色を眺めるのが好きになりました。初めて東京を訪れた時も、東京タワーの展望台に上りました。東京タワーはエッフェル塔と形が少し似ていて、今でもお気に入りのタワーです。

二〇一二年に東京スカイツリーができてからは、外国人観光客は東京スカイツリーの展望デッキを目指すようになっています。六三四メートルという高さもさることながら、展望デッキからの景色がタッチパネル式の地図に表示され、景色が拡大されたり、夜景になったり、花火が見られたりする最新設備には驚かされます。

下の階にある東京ソラマチは、日本の工芸品やユニークなものが見つかるショップが集まっているので、時間のない外国人観光客にとって、おみやげ探しにもとても便利です。

「新宿」のゴールデン街で日本人と交流する楽しみ

たくさんの路線が乗り入れる巨大なターミナル駅、建ち並ぶ高層ビル、迷路のような地下道、忙しそうに行き交うビジネスマン、個性的なファッションビルやデパート……新宿は、東京そのものという感じがします。外国人は、新宿でショッピングを楽しみ、都庁の無料展望室に上って、どこまでも街が続くいかにも東京らしい風景を眺めるのが好きです。

ゴールデン街や思い出横丁、歌舞伎町などを探検し、ナイトライフを楽しむ旅行者もいます。ゴールデン街でドキドキしながら小さなバーに入り、オーナーや店の日本人客とおしゃべりする……そんな交流を期待して訪れたり、実際に体験している外国人は少なくありません。

都心からの近さが魅力の「御岳山」と「高尾山」

14位の高尾山は、二〇〇七年にミシュランガイドで三つ星の評価を得たことで、たいへん有名になりました。12位の奥多摩にある御岳山《みたけさん》は、高尾山ほど知名度はありませんが、似ている点がたくさんあり、満足度ランキングでは御岳山のほうがやや上位に……。高尾山ほど混雑していないことが満足度が高くなった理由なのではと思います。いずれも新宿から電車で一時間弱～一時間四〇分ほどの距離。都心からこれほど近いのに、自然豊かな山でハイキングができることに、外国人はとても驚きます。

高尾山の標高は五九九メートル。六つの自然研究路と複数の登山コースがあり、ケーブルカーとリフトもあり、体力に合わせてルートを選べるハードルの低さが魅力です。一方の御岳山は標高九二九メートルと高いですが、ケーブルカーとリフトを利用すれば八八一メートルの高さまで行けるので、実は意外に登りやすい。頂上には武蔵御嶽《むさしみたけ》神社と、宿坊や民宿が並ぶエリアがあります。もっとハイキングを楽しみたいなら、さらに奥に進むと、清流沿いに苔むした岩の情景が続くロックガーデンと呼ばれる人気スポットに行けるのも素晴らしい。

両方の山に共通しているのは、古くから霊場であったことです。御岳山は山岳信仰の、高尾山は修験道《しゅげんどう》の霊山であり、そのミステリアスな雰囲気も外国人は大好きです。

外国人にとってもオタクの聖地「秋葉原」は13位に

外国人にとって「日本=電化製品」のイメージは根強いと思います。一時は、海外からの観光客が買い物をする電気街として注目された秋葉原ですが、最近は少し落ち着きました。日本の電気製品は、今やオンラインでも買えますから、わざわざ日本で買う必要がなくなったのかもしれません。ですが、新製品をいち早くチェックしたい人には、やはり秋葉原は必見の場所。家電量販店の中では、大型店舗のヨドバシカメラが人気のようです。

秋葉原は、外国人の間でも「オタクの聖地」として知られています。フィギュアやマンガ、レトロゲームなどを目的に秋葉原を訪れる人も一定数いますし、日本の文化が育んだ非日常の空間であるメイドカフェも、外国人には珍しくてユニークなスポットです。

まさに都会のオアシス「新宿御苑」

15位に入った新宿御苑《ぎょえん》は都内でいちばんピースフルな公園で、私も大好きです。桜と紅葉の名所なので、全国の観光スポットの中で、ジャパンガイドが最も取材に行っている場所の一つ。年間に何度も訪れています。広い園内には、芝生のイギリス風景式庭園、フランス式整形庭園、日本庭園のエリアがあり、森や池、温室もあって、背後に都会のビル群が見えるのが特徴です。

ここには約一万本の樹木が植えられていて、やはり桜の時期は特別ですね。人は多いですが、敷地が広いので混雑感がありません。約六五種類、一一〇〇本の桜があり、開花時期が少しずつずれているので、三月~四月下旬はいつ行っても何かしら咲いています。東京のソメイヨシノのお花見を逃した観光客も、新宿御苑に行けばまだ桜が楽しめるのです！ 秋の紅葉シーズンも美しい。外国人にとっても、旅の途中にリラックスしたい時には絶好の場所です。

わかりやすい展示が好評の「江戸東京博物館」が16位に

両国駅前にあり、江戸と東京の歴史と文化がよくわかる「江戸東京博物館」。常設展示室は江戸ゾーンと東京ゾーンに分かれていて、どちらもミニチュア模型がたくさんあるので外国人にも理解しやすく、それが満足度に反映されていると思います。両国というロケーションもいいですね。旅行者にとっては、国技館での相撲観戦とセットで楽しむことができますし、近くに「刀剣博物館」や「すみだ北斎美術館」もあって、外国人が訪れたくなるスポットが集中しています。

神奈川県

1位▼箱根温泉［★4・2］／2位▼鎌倉 報国寺［★4・2］／3位▼藤子・F・不二雄ミュージアム［★4・2］

「箱根温泉」「横浜」「鎌倉」は定番の風格。外国人の好感度が高い鎌倉「報国寺」は竹の庭が魅力

神奈川県は、日本で五番目に面積が小さい都道府県ですが、横浜、箱根、鎌倉など、日本のトップ10に入るような魅力ある観光スポットが集まっています。また、江の島や三浦半島など、海辺の街も外国人に人気です。

海の近くを走る江ノ電は、アトラクションのような楽しい移動手段。近年は、海外でも人気のアニメ『スラムダンク』のオープニングシーンに登場したことから、鎌倉高校前駅の近くの小さな踏切は格好の撮影スポットになっています。

東京からのアクセスの良さが魅力の「箱根温泉」が満足度1位

箱根温泉の満足度が神奈川県でトップなのは、東京から近い温泉だからでしょう。全国に素晴らしい温泉はたくさんありますが、日本を訪れた外国人が初めて行くなら、東京からアクセスのよい箱根温泉がやはりとても便利なのです。私も、日本で初めて体験した温泉は箱根でした。

神奈川県満足度ランキング

1位	**箱根温泉**	4.2 ★★★★☆	1299人
2位	**鎌倉 報国寺**	4.2 ★★★★☆	105人
3位	**藤子・F・不二雄ミュージアム**	4.2 ★★★★☆	72人
4位	三溪園	4.2 ★★★★☆	434人
5位	長谷寺	4.2 ★★★★☆	1399人
6位	鎌倉大仏	4.2 ★★★★☆	2738人

7位：日本民家園★4.1　8位：箱根 彫刻の森美術館★4.0　9位：鎌倉のハイキングコース★4.0　10位：江の島★4.0　11位：円覚寺★3.9　12位：箱根 大涌谷★3.9　13位：鶴岡八幡宮★3.9　14位：みなとみらい★3.9　15位：鎌倉 建長寺★3.8　16位：芦ノ湖★3.8

箱根では、温泉だけではなく、自然に親しむこともできます。ロープウェイに乗って地面から煙が立ち上る大涌谷《おおわくだに》の景色を眺めたり、芦《あし》ノ湖をクルージングしながら湖上に建つ箱根神社の鳥居を見学したりと、変化に富んだ日本の景色を楽しむことができます。運良くお天気に恵まれれば、富士山も見えるかもしれません。晩秋か冬に訪れるほうが、富士山が見える確率は高いようです。

箱根に行く多くの外国人が利用しているのが、小田急電鉄の「箱根フリーパス」です。新宿から箱根まではもちろん、箱根に到着後もケーブルカーやロープウェイ、遊覧船などで使えてとても便利なのです。使い勝手のよいパスを、一九九〇年代から外国人に英語でPRしてきた小田急電鉄の努力も、箱根の人気を後押ししているのではないでしょうか。

人気の鎌倉では「報国寺」で竹の庭を堪能して抹茶でひと休み

ジャパンガイドで報国寺《ほうこくじ》を紹介したのは五年ほど前。「竹の庭が素晴らしい」という評判を耳にしたからです。報国寺の後方に広がる竹の庭は、評判通りすてきな雰囲気。京都・嵐山の竹林ほど規模は大きくありませんが、竹の庭には遊歩道があり、外国人には魅力的な風景です。

竹の庭の奥には抹茶と和菓子をいただける茶室があります。ただ歩いて回るだけでなく、茶室に座ってのどかな時間を過ごせることが、高い満足度につながっているのでしょう。

報国寺の公式ホームページに、英語、フランス語、スペイン語、中国語、韓国語の紹介ページがあることも、外国人の好感度を高めていると思います。

私が興味を持ったのは、裏山に竹の庭を見下ろすように掘られたやぐらです。足利《あしかが》一族の墓らしく、小さな洞窟のような中に五輪塔などが見えます。立ち入り禁止となっていますが、鎌倉にひっそりとこのような遺跡が残っていることに感動しました。

ドラえもん人気がうかがえる「藤子・F・不二雄ミュージアム」は3位に

藤子・F・不二雄ミュージアムまでは、小田急線・JR南武線の登戸駅から直行バスに乗ります。アクセスがいいとはいえない場所にあるので、訪問者数は多くありませんが、それでも満足度が高いのは海外にも熱烈なファンがいるからでしょう。やはり、ドラえもんの人気は絶

外国人は竹が大好き。竹の庭が見事な報国寺の満足度も高くなりました

大です。

ドラえもんに親しんで育った人たちはもちろんですが、ドラえもんをあまり知らない世代でも、子ども連れのファミリーにとても楽しい施設です。屋上には芝生に包まれた広場やミュージアムカフェもあって一日中遊べますし、ギフトコーナーではドラえもんが大好物のどら焼きを買うこともできます。

ミュージアムショップには、ミュージアム限定のオリジナルグッズがあるので、スペシャルな日本みやげが手に入る穴場といえるかもしれません。

首都圏一美しい庭園、横浜「三溪園」はコンパクトで外国人好み

京都や金沢には数々の美しい日本庭園がありますが、東京近郊で美しい庭園を訪れたいと思

うなら、三溪園《さんけいえん》はおすすめです。首都圏で最も素晴らしい庭園だと思いますし、横浜にあるので、全国各地を旅行する時間のない外国人観光客には、満足感ある観光スポットでしょう。

三溪園がユニークなのは、広い庭園内に、京都から移築した三重塔や寺の本堂、鎌倉から移築した仏堂、白川郷から移築した合掌造りの住宅など、全国から集められた建物が点在していること。日本庭園と野外ミュージアムを合わせたようなイメージです。

東京を起点にするなら、三溪園で半日過ごして中華街で夕食をとれば、充実した一日になるはず。桜や紅葉だけでなく、一年を通していろいろな花を楽しむことができるのも魅力です。

「長谷寺」では海辺リゾートの気分も味わえる

鎌倉の長谷寺《はせでら》は、梅雨時になるとたくさんのあじさいが咲く寺として知られています。訪日客にも「美しいあじさいを見てみたい」という気持ちはありますが、その季節はとても混んでいます。並ばずに参拝できるのなら訪れたいと願っている外国人は多いでしょう。

私が長谷寺を好きな理由は、山門を入ると可愛らしい和《なご》み地蔵が並んでいるからです。弁天堂の上にある地蔵堂にズラリと並んだお地蔵さまの不思議な姿も忘れられません。

奈良の長谷寺を訪ねてから知ったのですが、鎌倉の観音堂に納められている十一面観音像は、奈良の長谷寺にある十一面観音像と同じ霊木から造られたそうです。そんな歴史を知ると、パズルのピースがつながっていくようで、感動がさらに深まります。

境内に咲く花々を眺めながら散策し、歩き疲れたら椅子とテーブルのある見晴らし台へ。鎌倉の海と街を眺めながらひと休みすることもできますし、海を一望できるレストランで食事やコーヒーを楽しむこともできます。歴史ある寺でありながら、海辺のリゾート気分を味わえることも、満足度の高い理由の一つでしょう。

「鎌倉の大仏」は典型的な日本のイメージそのもの

来日する前から、鎌倉の大仏と奈良の大仏、東大寺と宮島の鳥居のイメージが、典型的な日本として私の脳裏に焼き付いていました。知ったいきさつは覚えていないのですが、おそらく、多くの外国人も同じでしょう。奈良まで行く時間のある旅行者は奈良の大仏を見に行くのでしょうが、東京にしか滞在しない人は鎌倉の大仏を見に行くだろうと思います。

鎌倉の大仏の満足度が高い理由は、三つ考えられます。一つは、大仏の表情の美しさです。銅で造られているとは思えない、とても柔らかい人間らしいお顔は、信仰の異なる外国人が見ても素晴らしいと感じられます。二つ目は、屋外に建っていることです。森と空という自然の背景が大仏を美しく引き立てているので、感動がより大きくなります。そして三つ目は、大人三〇〇円という拝観料です（二〇一九年十二月現在）。リーズナブルな料金で楽しめることも、満足度を後押ししていると思います。

新潟県

1位▼アース・セレブレーション［★4・9］／2位▼佐渡金山［★4・0］／3位▼湯沢［★3・7］

「アース・セレブレーション」が驚異の満足度。金山の坑道、「湯沢」でのスキーは外国人にも人気

佐渡島が本拠地の太鼓芸能集団の野外ライブは満足度4・9‼

「アース・セレブレーション」は、世界中で人気の太鼓芸能集団「鼓童《こどう》」が本拠地の佐渡島《さどがしま》で毎年八月に三日間開催する国際芸術祭。島という特別な環境で野外ライブやワークショップがあり、鼓童の練習場を見学することができますし、ファン同士の交流の場もあります。海外からも鼓童のファンがどっと訪れ、満足度がひじょうに高く、佐渡島全体で盛り上げている夏のイベントです。島内にはおもしろい観光スポットがたくさんあり、組み合わせても楽しめます。

その観光スポットの一つが、2位の「佐渡金山《さどきんざん》」。昔の金山の坑道に、実際に入ることができます。中に入ると等身大の人形で当時の様子を再現してありますから、外国人でもわかりやすく、興味を持って見学できます。坑道は二つあり、一つは江戸時代、もう一つは明治時代のもの。歴史を知るとさらに深く味わいながら見学ができ、佐渡金山がいかに歴史上重要だったかがわかります。

佐渡島のアース・セレブレーションが驚きの高評価。海外にも多くのファンを持つ鼓童が主催する夏のイベントです

駅から直行できる「湯沢」はスノーアクティビティのメッカ

3位の「湯沢」の満足度はスキー場の評価といえるでしょう。良質の雪、そして新幹線のおかげも大きいと思います。東京から九〇分もかからずスノーカントリーに行ける。積雪量が多く、しかもゴンドラは新幹線の駅と同じ建物から出発していてGALA湯沢スキー場のゲレンデにすぐ行けます。スキーができない人も、いろいろなスノーアクティビティがあるので退屈しません。湯沢にはほかにも湯沢高原、湯沢中里スノーリゾートなどのスキー場があります。

湯沢は冬以外でも魅力があるところで、まず温泉があり、そして日本酒がおいしい！　越後湯沢駅の中に、越後の代表銘柄をすべて利き酒できる施設があって、外国人にも人気です。

富山県

1位▼立山黒部アルペンルート【★4・5】／2位▼五箇山・相倉合掌造り集落【★4・3】／3位▼黒部峡谷【★4・1】

雪と峡谷がもたらす絶景はインパクト大。世界遺産「五箇山・相倉 合掌造り集落」も注目株

二大観光地「立山黒部アルペンルート」と「黒部峡谷」はベストスポット

満足度ランキングでは、富山県の人気の三スポットが揃いました。誰もが名前を知っていて、行ったことがなくても風景が浮かぶほど有名なところです。

1位の「立山黒部《たてやまくろべ》アルペンルート」は、何といっても雪の壁を見られる「雪の大谷《おおたに》」が、満足度の理由でしょう。年によっては、二〇メートルもの高さになることもあります。写真を見た時は信じられませんでした。私はスイス人なのに、このような風景は自国で見たことがありません。バスがとても小さく見えます。雪がないアジアの地域から来た観光客は、雪そのものと、あの壁の高さと、きっとダブルの驚きでしょう。

夏も人気で、ケーブルカーやロープウェイなどさまざまな種類の乗り物を使って、高い山に簡単に行ける経験はとてもおもしろいものです。黒部ダムに行くのはこのルートで、迫力ある放水が見られます。

3位の「黒部峡谷《きょうこく》」とは、同じ「黒部」という名が付いているので紛らわしいですが、実はエリアがまったく違います。黒部峡谷は、黒部川で浸食された、日本一深いと言われるV字峡谷。観光の目玉はトロッコ電車で、夏～秋に運行、宇奈月《うなづき》から欅平《けやきだいら》まで黒部峡谷沿いを走っています。上半分がオープンの車両で、車窓からは絶景の連続。納得の満足度です。

白川郷より小さく静かな集落「五箇山」が2位に

「五箇山《ごかやま》・相倉《あいのくら》合掌造り集落」が満足度2位になりました。岐阜県の「白川郷合掌造り集落」とともに、世界遺産に登録されているところです。

五箇山には、相倉と菅沼《すがぬま》という二つの集落があります。二つとも白川郷の荻町《おぎまち》集落より小さく、それがいいと言う人もいます。白川郷が、観光客が多くて賑やかになりすぎてしまったため、静かな雰囲気を味わいたい外国人には、こちらのほうが人気です。相倉集落にも合掌造りの民宿があり、宿泊することができます。

五箇山も、北陸新幹線のおかげで行きやすくなりました。新幹線の新高岡駅から白川郷まで世界遺産バスが運行していて、途中、五箇山の相倉集落と菅沼集落に停まるのです。途中下車すればいいので、たいへん便利になりました。

石川県

1位▼兼六園［★4・4］／2位▼能登金剛海岸［★4・2］／3位▼那谷寺［★4・2］

庭園ファンがこぞって訪れる名勝「兼六園」。能登半島の自然がもたらす景勝地は一見の価値あり

冬も美しい日本三名園の筆頭は北陸新幹線の開業でますます人気に

日本庭園は今、世界中で人気です。自然のままのような景観ですが、実は人間が細部まで考えて造ったもので、しかも丁寧に管理されている。外国人にも日本庭園ファンは多いのです。そんな日本庭園の中でいちばん有名なのが石川県の満足度1位の「兼六園」。いろいろなタイプの庭園で構成され、庭の高低差を利用した日本最古の噴水もあります。季節によって全然違う表情を作るのも特徴で、たいていは少々見どころが減る冬も、兼六園では有名な「雪吊り」が見られますし、ライトアップも行なわれます。いつ行っても満足できる日本庭園なのです。北陸新幹線が金沢まで開業したことで、ますます外国人の関心が高まっています。

「能登金剛」の景観、「那谷寺」の奇岩遊仙境の不思議な風景も有名

日本海の荒波で浸食された、能登半島の景勝地「能登金剛《のとこんごう》海岸」が2位に入りました。巌《がん》

兼六園の冬の風物詩、松の雪吊り

中部

門《もん》、機具岩《はたごいわ》、ヤセの断崖、千畳敷岩など見ごたえのある景観が広がります。海側から眺める遊覧船ツアーも人気です。能登金剛は比較的行きやすいですが、能登半島自体は基本的に交通が不便なところ。でもその不便さが、いい意味で田舎の雰囲気を残すことにつながり、外国人には人気があるのです。

3位の「那谷寺《なたでら》」は加賀温泉郷にあります。特別なお寺として知られている理由は、ユニークなその景観。池のまわりに岩がそそり立つ地形で、本殿や三重塔などお寺の建物が点在しています。中央にある巨大な岩山は「奇岩遊仙《きがんゆうせん》境《きょう》」。それを眺めるための展望台もあります。このようなお寺はほかであまり見たことがありません。不思議な情景で、外国人が好きなタイプのお寺です。

福井県

1位▼恐竜博物館［★4・0］／2位▼東尋坊［★3・9］／3位▼永平寺［★3・8］

展示のクオリティが高い恐竜博物館、「東尋坊」の眺望と「永平寺」の坐禅体験も満足度高！

恐竜は大人も子供も訪日客も大好き

「福井県立恐竜博物館」が、ほかの有名スポットを抑えて満足度1位ということの結果には、少々驚きました。

確かにとてもよくできた博物館です。ビジュアル的に素晴らしく、言葉の説明を読まなくてもわかりやすく、外国人でも楽しめます。それが評価の高かった理由だと思います。

展示室では、ティラノサウルスがかなりリアルな感じで動いています。ほかの展示も見応えがあり、全体的にきれいです。化石クリーニング室では化石を岩から取り出す作業をしていて、その様子をガラスの外から見学できます。

県立博物館というと、ちょっと古いイメージや地元の小学生向けのものが多い印象ですが、ここはまったく違います。大人も満足できる楽しい博物館で高評価もうなずけます。

禅に関心のある外国人は曹洞宗の総本山「永平寺」を目指す

2位の「東尋坊《とうじんぼう》」には、実は納得する部分があります。取材に行く前はとても観光地化した場所というイメージを持っていたのですが、実際に行ってみたら感動！　自然が創り出した絶景がとにかく素晴らしいのです。

何より驚いたのは、余計なフェンスや赤いコーンなどがまったくなかったこと。そして、少し危険では？　と思うような場所まで観光客が行けることです。日本ではたいてい、目立つフェンスや派手なロープが張ってあってその先へは行けませんから、とても珍しい。安全のための対策とはいえ、そのせいで風景の美しさが軽減してしまう場合が多いのですが、東尋坊ではそれらがないのは感動的でした。観光客向けの場所ではありますが、自然の眺望がダイナミックで、岩の上に行けるスリリングな体験はほかではなかなかできません。

3位の「永平寺」は、曹洞宗の総本山。山の斜面に建てられ、深い森に囲まれています。典型的な禅寺で、実際に僧侶が住んで修行をしています。

ここでは外国人の姿も多く見られます。曹洞宗も国際的になっていますから、禅に興味を持っている外国人は多いのでしょう。英語のホームページから申し込める坐禅体験のプログラムもあります。評価が高い理由は、永平寺の建物の雰囲気と、今もまだ実際に僧侶が住んで修行生活を送っているところだと思います。

中部

山梨県

富士山に関連する三スポットがランクイン。見るなら忠霊塔から、登るなら吉田ルートが人気

1位▼富士登山［★4・5］／2位▼忠霊塔［★4・3］／3位▼久保田一竹美術館［★4・3］

外国人が富士山を撮りたい場所ナンバーワンは富士吉田市

富士山は日本のいちばん有名なスポット、最も有名なシンボルです。外国人にとっても富士山は昔からスピリチュアルな存在でした。登山も人気で、日本のいちばん高い山に登りたいと思う訪日客は多いですし、そしてやはり、頂上からの御来光を見たいのです。シーズンは七月上旬～九月上旬、お盆周辺はすごい混雑ぶりで、対策が始まっているようですが、まだまだ人気は続きそうです。富士山の四つの登山ルートのうち、三つは静岡県側ですが、一番人気の吉田ルートは山梨県側。外国人にとっては、山梨県からが最も行きやすいのです。

富士山を望めるスポット「忠霊塔《ちゅうれいとう》」が満足度2位に入りました。富士吉田市の新倉山浅間《あらくらやませんげん》公園にある戦没者の慰霊塔で、五重塔の形をしています。赤い忠霊塔と富士山のコントラストが素晴らしく、四月にここを訪れると、外国人が好きな「富士山、五重塔、桜」が同時に一枚の写真におさめられることで知られています。あまりにも有名になってしまい、春のみならず秋

富士山と「忠霊塔」の五重塔の組み合わせは大人気。いつもご覧のような人だかり

の紅葉シーズンも、外国人観光客でいつも混雑しています。安全のため、二〇一五年に展望デッキが設置されました。

雄大な自然とアートの世界、「久保田一竹美術館」が3位

室町時代から桃山時代末にかけて行なわれた染色法「辻が花染」を復活させ、独自の着物創作の世界を切り拓いた久保田一竹《いっちく》（二〇〇三年に逝去）の作品を展示する「久保田一竹美術館」が満足度3位に入りました。単独作品や複数の着物で表現する連作など、どれも見応えがあります。お弟子さんが引き継いで制作を続けている未完の作品もあり、美しく幽玄な世界は外国人の心をも惹きつけてやみません。富士山が望める立地で、建物も庭も素晴らしい美術館です。

長野県

1位▼上高地［★4・4］／2位▼木曽路［★4・3］／3位▼山ノ内町（※地獄谷野猿公苑を含む）［★4・3］

「上高地」と温泉につかるサルは超有名！馬籠峠を歩くのはほとんどが外国人!?

1位は自然豊かな「上高地」、古い町並みが魅力の「木曽路」が2位

松本～上高地～高山～白川郷～金沢のルートは、今、外国人にとても人気です。その中の長野県では「上高地」が満足度1位にランクされました。山の景色、特に河童橋《かっぱ》からの眺めがたいへん美しく、リフレッシュできる山岳リゾートです。

上高地にはさまざまなハイキングコースがあります。あまり健脚でない人でも、河童橋から明神《みょうじん》まで梓川《あずさ》のほとりを歩くコースなら比較的平坦で、片道一時間程度。一方、穂高連峰や北アルプスの槍ヶ岳に数日かけて行く本格的な登山も、上高地が拠点になります。山好きな外国人なら一度は行ってみたいと思う場所ですね。上高地の宿は、山小屋、山荘、旅館、ホテル、キャンプ場もありバラエティ豊か。日帰り旅行も人気です。

2位になったのは街道をゆく「木曽路」の旅でした。同じく歩くことを目的に訪れる観光地ですが、木曽路の評価の高さには三つの理由があります。一つは宿場町の町並み。妻籠宿《つまごじゅく》、馬《ま》

籠宿《ごめじゅく》は本当にきれいで、昔の雰囲気を残しています。二つ目は、昔ながらの街道を辿れること。歩く旅は人気ですが、ただ歩くだけではなく、歴史ある中山道《なかせんどう》を歩けるのですから！　馬籠～妻籠間の馬籠峠越えのコースは特に人気で、歩いているのはほとんどが外国人観光客。峠近くにある古民家の無料休憩所では、地元のかたがお茶や飴をふるまってくれるのも、うれしい旅先の触れあいです。そして三つ目の魅力は素晴らしい田舎の風景を見られること。小さな集落や田んぼ、水車など、外国人が好きな日本の田舎の魅力にあふれているのが木曽路です。

地獄谷野猿公苑の「スノーモンキー」は欧米でも大人気

長野県は本当にさまざまな魅力があるところで、自然、歴史の次は、野生のサルです。山ノ内町の地獄谷野猿公苑《じごくだにやえんこうえん》には、温泉につかる野生のニホンザルがいます。英語ではsnow monkey。アメリカの「National Geographic」誌の表紙に、雪の中の子ザルの写真が掲載され、こう呼ばれるようになりました。以来、サルが温泉につかる風景は海外でも大人気に。先進国の中で野生のサルが見られるのは日本だけなので、たいへん珍しいのです。シーズンを問わず外国人が訪れるのは、ここで特別な風景が見られ、特別な体験ができるからでしょう。

近くに渋《しぶ》温泉がありますので、そこに泊まって、サルを見に行く人もいます。浴衣で外湯めぐりが楽しめる素朴な温泉町です。冬は志賀高原のスキーとの組み合わせも人気があります。

岐阜県

1位▼合掌造りの民宿体験［★4・8］／2位▼白川郷の荻町集落［★4・5］／
3位▼高山祭［★4・5］

世界遺産「白川郷」は全シーズン集客力抜群！祭りを楽しみたい訪日客は春と秋に高山へ

一度は泊まってみたい、合掌造りの民宿

もう誰もがご存じの世界遺産「白川郷・五箇山《ごかやま》の合掌造り集落」。白川郷は岐阜県、五箇山は富山県にあり、白川郷の中でも約六〇棟もの合掌造りの建物が集中しているのが「荻町《おぎまち》集落」です。山あいの村に、あの印象的な形の家々が建ち並ぶ風景は、外国人にとってもたいへん魅力的で、訪れる人が絶えません。満足度調査を始めた頃から、常に上位にランクされています。

合掌造りの多くは江戸時代末期から明治時代に建てられたもので、その一部では民宿が営まれています。本物の合掌造りの家に泊まることができる体験は満足度1位！　歴史ある木造の日本家屋で、黒光りする柱や大きな囲炉裏などを目にしながら過ごす滞在は特別です。また、早朝や夜の静かな集落を歩けるのも宿泊者の特権。その経験も評価の高さを生んでいます。

ただ、最近は観光客が多すぎて、オーバーツーリズムだと思います。悲しいことですが、マ

白川郷の荻町集落。合掌造りの建物が最もよく残されている地域です

ナーの悪さも目立ちます。小さな集落なので、効果的な対策が見つけられるとうれしく思います。

古い城下町を巡行する豪華な屋台が魅力の「高山祭」

三位は「高山祭」です。高山の古い町並みが、外国人はとても好きで、そこで春と秋に行なわれる高山祭は、豪華な装飾を施した屋台が有名。春は一二基、秋は一一基の屋台が巡行する様子は「動く陽明門」と称される美しさで、京都の祇園祭、秩父夜祭と並んで日本三大美祭（日本三大曳山《ひきやま》祭りとも）の一つとされています。古い城下町の風情と華やかで優雅なお祭りが見事にマッチして、外国人には大人気。高山を訪れる外国人観光客は年々増えています。

静岡県

1位▼富士山［★4・5］／2位▼河津桜まつり［★4・2］／3位▼城ケ崎海岸［★4・0］

観賞する「富士山」なら静岡県側から。伊豆半島の遊歩道はドラマチック！

登らなくても見たい。やっぱり富士山は日本一

「富士登山」は山梨県で満足度1位でしたが、見る「富士山」は静岡県で1位でした。二カ所でトップとは、やはり人気の高さがうかがえます。

静岡県から見る富士山は素晴らしい。日本のシンボルナンバーワンですから、登らなくても近くで見たいという外国人は多いのです。海の近くに立つと、ゼロメートルから三七七六メートルまで、その高さすべてを一望できます。実はこういう場所はなかなかありません。スイスアルプスには四〇〇〇メートル級の山々がありますが、それを見る展望所は二〇〇〇メートルくらいの標高にあるので、実際に見えるのは二〇〇〇メートルほどの高さなのです。

富士山を見るスポットは静岡県に点在しています。高さを感じるだけでなく、形がとても美しいからです。茶畑の中からの富士山、新幹線と富士山。三保《みほ》の松原や伊豆半島からは、手前に海がある富士山も眺められます。二〇一七年には富士山世界遺産センターもできました。展

示も建築も素晴らしいので、ジャパンガイドでもおすすめしています。

春は「河津桜まつり」へ。ダイナミックな「城ヶ崎海岸」もランクイン

訪れた人は決して多くはないのですが満足度が高く、2位にランクインしたのが「河津《かわづ》桜まつり」です。二～三月上旬、ソメイヨシノが咲く前に日本を訪れた外国人は、河津桜がもう咲いていると知るとたいへん喜びます。まだ寒さが残る頃ですから、最初の春のサインですね。東京から行きやすく、河津駅から近い河津川沿いには、約四キロメートルにわたって桜並木が続いています。桜の数が多く満開期間も長いのが人気の理由の一つ。ソメイヨシノより濃いピンク色で、下に菜の花が咲いている場所もあり、夜はライトアップも行なわれます。露店などもたくさん出て、お祭りの楽しい雰囲気も味わえます。

3位の「城ヶ崎《じょうがさき》海岸」は伊豆半島の東岸で、海岸といってもビーチではなく、切り立つ岩が入り組んだ海岸線が特徴です。そこに「城ヶ崎ピクニカルコース」「城ヶ崎自然研究路」という、合わせて約九キロメートルの遊歩道があり、ピクニカルコースだけでも十分に楽しめます。きれいな森の道で、比較的歩きやすいですが、断崖に架かる高さ約二三メートルの門脇《かどわき》吊橋はスリル満点。海を眺める気持ちいいトレイルは満足度が高いだろうと予想しましたが、これほどとは驚きました。東京からいちばん近いドラマチックな海岸だと思います。

愛知県

1位▼リニア・鉄道館［★4・3］／2位▼香嵐渓［★4・0］／3位▼犬山城［★3・8］

鉄道ファンはリニアに注目！外国人が好きな紅葉とお城も確実にランクイン

名古屋の「リニア・鉄道館」は英語の解説が好評

ＪＲ東日本が「鉄道博物館」、ＪＲ東海が「リニア・鉄道館」、ＪＲ西日本が「京都鉄道博物館」を作りました。全部素晴らしいですが、ジャパンガイド・ユーザーの評価を見ると、リニア・鉄道館のポイントが最も高いのです。名前にリニアが付くのはここだけ、リニア車両の展示もここだけなので、それが理由の一つかもしれません。ほとんどの展示に英語の説明が付いていて、日本最大級のジオラマもあり、鉄道ファンではない外国人も楽しんでいます。

紅葉の名所「香嵐渓」と国宝「犬山城」が高評価

名古屋の東、約四〇キロのところにある有名な紅葉スポット「香嵐渓《こうらんけい》」が満足度2位になりました。飯盛山《いいもりやま》を囲むように流れる巴川《ともえ》がつくる渓谷で、四〇〇〇本ものもみじが紅葉する景色は本当に素晴らしい。十一月は「香嵐渓もみじまつり」が開かれ、ライトアップも毎日行な

熱心な鉄道ファンがいるのは日本だけではありません。リニア・鉄道館は外国人にも大人気

われます。

待月橋《たいげつきょう》や香積寺《こうじゃくじ》が香嵐渓で人気の写真スポット。「三州《さんしゅう》足助《あすけ》屋敷」という民俗資料館では、機《はた》織りや藍染めなど昔ながらの手仕事を体験できるのも、訪日客にはうれしいことです。

オリジナル天守が残る「現存十二天守」の一つで、そのうちわずか五城しか指定されていない国宝天守があるのが、満足度3位の「犬山城」。丘の上に建ち、すぐ横を木曽川が流れる、眺めの美しいお城です。天守は四階建てで、最上階の回《まわ》り縁《えん》（バルコニーのようなところ）に出ると、手すりが腰より低く、ネットも張られていなくて、かなりスリリング。でも昔の感じそのままなのがよいと思います。回り縁からは遮るものがない素晴らしい景色が見渡せます。

三重県

1位▼伊勢神宮［★4・2］／2位▼おはらい町［★3・8］／3位▼伊賀流忍者博物館［★3・7］

「お伊勢参り」体験は訪日客には新鮮そのもの。伊賀の忍者が外国人に人気の理由は？

「伊勢神宮」にお参りしたあとは「おはらい町」へ

外国人でも「伊勢神宮」は神道のいちばん大切な神社だと知っている人が多いです。自然と近く、派手ではない比較的シンプルな建物。そこには日本の簡素な美しさがあります。先に外《げ》宮《くう》にお参りしてから、内宮《ないくう》にお参りするのが習わしです。サイト上では、内宮が1位、外宮が2位となっていますが、ここでは「伊勢神宮」としてまとめ、内宮の★数を記しています。

伊勢神宮では二〇年に一度、「式年遷宮《しきねんせんぐう》」があります。六九〇年から続く神事で建物だけでなくすべてのものを新しくするため、早くから準備が始まります。二〇年はちょうど一ジェネレーション。そのおかげで職人さんたちも、昔からの技術を今日まで伝えられています。式年遷宮についての博物館「せんぐう館」も素晴らしく、ジャパンガイドでも見学をすすめています。台風被害の修復のため休館中でしたが、二〇一九年十一月にリニューアルオープンしました。

伊勢神宮について、外国人の感想は二通りあります。「雰囲気が好き、素晴らしかった」という人と「奥まで見られない、写真が撮れないのは残念」という人。後者は今のSNS世代の人でしょうか。ジャパンガイド調査での評価の高さを見ると、ユーザーには前者のほうが確実に多いと思います。

2位は内宮の前にある「おはらい町」です。伊勢神宮にお参りしたあと、ここでおみやげを買ったり、伊勢うどんや赤福などの名物を食べたりして、江戸時代のお伊勢参りと同じ楽しみを味わえる。外国人観光客にとってもとても楽しい体験です。

外国人が大好きな「ニンジャ」と会える「伊賀流忍者博物館」

忍者は外国人に大人気。それを反映して、伊賀市にある「伊賀流忍者博物館」が3位です。入館すると、最初は忍者屋敷でからくりを実演。その後は博物館見学や忍者ショーも楽しめ、ショーでは実際に忍者が使った道具や武器を使用するので迫力があります。伊賀流の本場に行って見学できるとあって、外国人の評価は高いです。京都・大阪・名古屋からの日帰り旅行が可能。伊賀上野城もあって、楽しいデスティネーションです。

ところで、なぜ外国人は忍者が好きなのでしょうか？　外国の人から見ると、「スーパーナチュラルヒーロー」のようなイメージではないかと思います。強い、単独で行動、気づかれないで城に潜入して活動。まるでスパイ映画のようですが、日本では忍者がいちばん近い存在です。だから人気があるのだと思います。

滋賀県

信楽山中の美術館は自然も建築も素晴らしい。お城と忍術村は外国人がワクワクする組み合わせ

1位▼MIHO MUSEUM［★4・3］／2位▼彦根城［★4・0］／3位▼甲賀の里 忍術村［★3・7］

荘厳な建物が印象的な「MIHO MUSEUM（ミホ・ミュージアム）」

滋賀県を訪れた外国人の満足度が高かったのが、信楽《しがらき》町の山中にあり、素晴らしい建築が特徴の美術館「MIHO MUSEUM（ミホ・ミュージアム）」。この建物は、フランス・ルーブル美術館のガラスのピラミッドを設計した建築家I・M・ペイによるものです。

山奥の自然の中に建つシンプルな姿の美術館は、自然と人間の造形のコンバインが素晴らしく、桃源郷をイメージしたという建築家の言葉もうなずけます。山奥ゆえの行きづらさも、逆に特別な場所と感じさせてくれる気がします。数々の美術品を展示していますが、建築とロケーションの素晴らしさが印象に残るかもしれません。

国宝天守が素晴らしい「彦根城」と忍者の里は納得のランクイン

「彦根城」が人気の理由は三つあります。一つはもちろん「現存十二天守」ということ。した

MIHO MUSEUMの館内。山奥という立地も建築物そのものもアートの一部

がって内部も古いままの木造です。もう一つは天守以外の建物もよく再建されていることです。御殿の一部を復元し、昔の全体像がわかるようにした数少ないお城です。三つ目は国宝五天守の一つであること。屋根の破風《はふ》にさまざまな様式が取り入れられていて、たいへん美しい天守であるといわれています。京都に近い姫路城にみんな行きますが、本当にお城好きな人は彦根城にも足を延ばします。

その彦根城にも、もしかしたら忍者が忍んでいたかも⁉　3位は「甲賀《こうか》の里 忍術村」。三重県で「伊賀流忍者博物館」が3位でしたが、甲賀もここでランクインです。甲賀忍者の子孫が住んでいた「からくり屋敷」があり、手裏剣投げなどの修行体験ができます。施設がやや古いので評価が分かれるところではありますが、忍者好きな外国人の満足度は高かったようです。

近畿

京都府

1位▼伏見稲荷大社［★4・7］／2位▼清水寺［★4・6］／3位▼金閣寺［★4・4］

外国人は千年の都の雰囲気に酔いしれたい。川床に京都の風情を求めて「貴船」が初登場5位に

京都は、千年以上も日本の都だった歴史ある場所。全国の国宝の四分の一が京都に集まっているといわれています。街のいたるところに寺や神社、庭園があり、四季折々の美しさ、伝統的な祭りや伝統工芸、京料理など、外国人が心打たれるものであふれています。

外国人は、フランスに行ったらパリに行くのと同じ感覚で日本に来たら京都に行くのです。

迫力の千本鳥居「伏見稲荷大社」は写真映えナンバーワン

伏見稲荷大社《ふしみいなりたいしゃ》が多くの外国人観光客を惹きつけるのは、ビジュアルのインパクトです。SNSなどの写真で見た朱色の千本鳥居が並ぶ幻想的な風景を、写真に撮りたいのです。延々と続く鳥居のトンネルをくぐり、途中に小さな神社や鳥居を見つけ、稲荷山の上から京都の眺望を楽しんで一周約二時間。この散策は、夢の世界に迷い込んだような思い出となります。

伏見稲荷大社は、京都のほかの神社や寺とちがって拝観料がかかりません。外国人観光客はラッキーと思うかもしれませんが、本殿でお賽銭《さいせん》を入れて参拝してから千本鳥居に向かうのが

マナー。多くの外国人は本殿をスルーしているので、それは少し残念に思います。ジャパンガイドでは「先に本殿にお参りしてから、鳥居を見学しましょう」と案内しています。

驚くほど混雑していますが、24時間参拝できるので、静けさを味わいたい外国人は、早朝か夜遅い時間に訪れているようです。

思い描いた日本の風景、「清水寺」も安定の満足度

清水《きよみず》の舞台に立つと、正面の森の中に子安塔《こやすのとう》の三重の屋根が見え、「これが想像していた日本だ」と感激する外国人は多いと思います。特に、桜の時期と紅葉の時期の美しさは、何度見ても心をゆさぶられます。清水寺は、仁王門や三重塔、奥の院など、境内にいろいろな建物があって撮影スポットが多いことも、外国人の満足度を高めている理由でしょう。

海外でいちばん有名なお寺「金閣寺」は3位、「銀閣寺」は11位

金閣寺（正式名称は鹿苑寺《ろくおんじ》）は海外ではいちばん有名な日本の寺で、外国人がイメージする日本の風景そのものです。世界遺産の金閣寺と銀閣寺をセットで見学する外国人は多くいます。

純金の箔で覆われた金閣（舎利殿《しゃりでん》）が外に建っていること自体、とてもインパクトがありますし、ほかの日本の寺にはない派手な豪華さがあります。そして、庭園の緑を背景に金閣が池に映っている景色は、本当に特別です。

京都府満足度ランキング（総合）

1位	**伏見稲荷大社**	4.7 ★★★★☆	2916人
2位	**清水寺**	4.6 ★★★★☆	4127人
3位	**金閣寺**	4.4 ★★★★☆	4505人
4位	嵐山	4.4 ★★★★☆	2665人
5位	貴船	4.3 ★★★★☆	216人
6位	修学院離宮	4.3 ★★★★☆	217人
7位	祇園祭	4.3 ★★★★☆	910人
8位	将軍塚青龍殿	4.2 ★★★★☆	26人

＊京都府の満足度はサイト上では〈中央〉〈東〉〈南〉〈北〉〈西〉のエリア別に集計。
＊上記リストは総合順位です。

金閣寺は一九五〇年に放火によって舎利殿が全焼してしまい、創建当時の建物を忠実に再現してあるそうですが、昔の写真と比べると、現在の金閣寺のほうが金箔が全面に施してあって、よりインパクトが強いように感じます。金閣寺はどの季節に訪れても楽しめますが、私は冬に訪れて、雪の中の金閣寺を撮影してみたいと考えています。

オリエンタル情緒に心惹かれる「嵐山」の竹林

川があり、山があり、橋がある嵐山《あらしやま》の景色はとても日本的で美しいのですが、外国人が最も感動するのは「竹林の小径《こみち》」です。何百メートルも続く嵯峨野《さがの》の竹林を散歩するのは、外国人にとっては日本ならではの体験となります。

竹にはオリエンタルなイメージがあります。

京都府満足度ランキング（総合）

9位	西芳寺（苔寺）	4.2 ★★★★☆	362人
10位	東山	4.1 ★★★★☆	1297人
11位	銀閣寺	4.1 ★★★★☆	3267人
12位	鞍馬	4.1 ★★★★☆	479人
13位	桂離宮	4.1 ★★★★☆	355人
14位	花灯路	4.1 ★★★★☆	226人
15位	善峯寺	4.1 ★★★★☆	149人
16位	平等院	4.1 ★★★★☆	1185人

＊京都府の満足度はサイト上では〈中央〉〈東〉〈南〉〈北〉〈西〉のエリア別に集計。
＊上記リストは総合順位です。

天に向かってまっすぐ伸びる竹が、風でしなやかに揺れる様子はエレガント。枝や葉っぱがこすれ合う音はミステリアスで、耳からもオリエンタル情緒を感じることができます。早朝、まだ人影少ない竹林を散歩するのは最高です。

どの季節に行ってもすてきですが、十二月に行なわれるイベント「嵐山花灯路《はなとうろ》」（114ページ参照）では竹林の散策路の両側に路地行灯《あんどん》が灯り、渡月橋《とげつきょう》や嵐山もライトアップされ、とても幻想的です。嵐山には、桜と紅葉の取材ですでに三〇回以上訪れていますが、優美な形の渡月橋と桜や紅葉で色づく山々との一体感ある風景は、何度見ても心が洗われる思いがします。

夏でも涼やかな「貴船」での食事は訪日客の憧れ

五年ほど前からジャパンガイドのユーザーに

夏でも涼しい貴船の川床。京都市街の喧噪を忘れるひと時

人気が出てきたのが、貴船《きぶね》です。

京都市街の北にあり、緑豊かな鞍馬山《くらまやま》と貴船《きぶね》山《やま》の間を流れる貴船川沿いの参道を行くと、貴船神社があります。参道の石段の両脇に赤い灯籠がずらりと並んでいて、すてきな雰囲気です。

さらに外国人を惹きつけるのが、貴船川の川床です。よく知られているのは鴨川の川床ですが、鴨川は「かわゆか」と読み、貴船川は「かわどこ」と読みます。

貴船の川床は、森が迫ってくるような谷間を流れる細い川の上にしつらえてあるので、床下を流れる川の音が聞こえ、空気もひんやりとしていて、夏でも風が吹くと肌寒いほどです。天然のエアコンのきいた屋外で食事をするのは、とても贅沢な体験です。

訪問者数は少ないが満足度は高い「修学院離宮」

修学院離宮《しゅがくいんりきゅう》は、京都御所や京都仙洞御所《せんとうごしょ》と同じように、宮内庁が管轄しています。外国人訪問者数はまだそれほど多くありませんが、満足度は高いようです。修学院離宮は一七世紀に造られた広大な皇室関連施設で、上離宮・中離宮・下離宮の三つに分かれています。それぞれの離宮にある建物にも感動しますが、大きな池のある上離宮の庭園は見応えがあります。美しいのは、やはり紅葉の時期。昔の皇族も同じ庭園を眺めながら紅葉を楽しんだのでしょうね。

参観は要予約でガイドツアーのみですが、英語など五カ国語の音声ガイドを無料で借りることができるのも外国人にはありがたいことです。

山鉾の高さに目を見張る「祇園祭」は7位に

祇園祭《ぎおんまつり》は日本三大祭りの一つ。日本の歴史を知らない外国人でも、あの鉾の高さには感動します。一カ月近く続く祇園祭の理想的な楽しみ方は、祭りのハイライトである山鉾《やまぼこ》巡行の一週間前ぐらいに京都に入ること。そして、鉾を組み立てる鉾建てと、組み立てた山鉾がきちんと動くかどうかを確かめる曳《ひ》き初《ぞ》めを見学します。続いて、宵々々山《よいよいよいやま》、宵々山、宵山、そしてハイライトの山鉾巡行まですべてを見学すれば、最高の祇園祭体験となること間違いなしです。

宵山になるとたくさんの露店が並び、聞こえてくる祇園囃子《ばやし》の音色に、夏祭り気分が盛り上

近畿

がってきます。山鉾町にある旧家や老舗が、先祖代々受け継いできた家宝を飾って一般に公開する屏風祭《びょうぶまつり》も貴重な体験です。外国人にとっては、宝物だけでなく、それを守ってきた京都人の暮らしぶりも見学できる絶好の機会ですから。

赤丸急上昇の新スポット「将軍塚青龍殿」に注目！

将軍塚青龍殿《しょうぐんづかせいりゅうでん》は、ランキング8位に急浮上したスポットです。天台宗三門跡の一つ、青蓮《しょうれん》院《いん》の飛び地境内で、東山の山頂にあります。平安京に遷都する時、桓武《かんむ》天皇が都の安泰を願って将軍の像を造ってここに埋めたことが由来で、直径約二〇メートル、高さ約二メートルの大きな塚です。

近くに建つ青龍殿は国宝「青不動」を安置する建物で、併設されている木造の大舞台がおそらく満足度の理由でしょう。二〇一四年一〇月に完成したもので、清水寺の舞台の約四・六倍もの広さがあります。山の上ですから京都市内が一望でき、その眺望は清水寺よりすごいと言う外国人もいます。車で上まで行けますが、時間に余裕がある旅行者は東山トレイルにある複数のコースを、三〇分ほどかけて登っていくようです。注目の新しい観光スポットですね。

「西芳寺（苔寺）」の苔庭に外国人も感じる「ZEN」の境地

苔寺《こけでら》として知られている西芳寺《さいほうじ》は、樹木が多く、地面は苔に覆われていて、森の中のような幻想的な庭園です。誰も気にも留めないような地味な苔を主役に庭園を造ること自体が日本らしいですし、ZENの境地を感じます。

外国人に人気の西芳寺ですが、難点は予約が大変なこと。申し込みは往復はがきのみで、電話やインターネットは不可。日にちの希望は書けますが、時間は返信はがきで指定されます。なかには往復はがきがない国もあるので、外国人にはハードルが高いですね。ようやく最近になって、インターネットで英語予約を受け付ける代理店が登場しました。

西芳寺は、到着してすぐに庭園を鑑賞できるわけではありません。まずは写経です。写経は初めての経験でしたが、なぞる文字が透けて見えるので何とかなりました。丁寧に書きすぎて、終わったのは最後でしたが、おかげで人が少ない庭園をゆっくり堪能できました。

梅雨の時期は、新緑の木々の下で濡れて輝く苔の美しさが格別です。紅葉の時期は、緑の苔の上に落ちた紅葉の赤が映えて風情があります。参拝冥加《みょうが》料は三〇〇〇円以上と高額ですが、世界文化遺産の庭園を維持するためですし、その額に見合う感動は得られます。

なお、冬期は庭園の拝観と写経は行なわれず、本堂の参拝のみとなっています。

伝統的な街並みに日本らしさを味わえる「東山」が10位

東山は神社や寺が多く、日本人にも人気の観光エリアですが、日本の伝統的な街並みを体験できることから、外国人にも人気があります。清水寺へと続く参道の三年坂（産寧坂《さんねいざか》）や二年坂（二寧坂）などの周辺は、現代の日本ではほとんど見ることができない歴史的な街並みが、広く残されていることに感動します。この周辺は、電線を地中化して電柱をなくし、派手な看板を撤去するなどして、歴史的な景観に配慮しているのが素晴らしいですね。

二〇一七年に二寧坂にオープンした「スターバックスコーヒー京都二寧坂ヤサカ茶屋店」も、特別な体験ができる場所として訪日客に人気です。古い町家を再利用していて、おなじみの緑色の看板がないので、スターバックスとはわかりにくいのですが、二階には畳の部屋もあって、コーヒーを飲みながら伝統的な日本の雰囲気も味わうことができます。

わび・さびを知る外国人は「金閣寺」よりも「銀閣寺」へ

派手で豪華な金閣寺は、外国人にもわかりやすい美しさですが、日本の「わび・さび」を知っている外国人は、銀閣寺（正式名称は東山慈照寺《じしょうじ》）を好むようです。

銀閣寺を訪れる主な目的は、庭園の見学です。英語では日本庭園をZen Garden（ゼン・ガーデン）と呼ぶことがあり、禅の考え方から始まったわび・さびに惹かれ、それを体験したくて日本を訪れる外国人は少なくないようです。池の周りを歩きながら、落ち着いた雰囲気の銀閣（観音殿）や富士山のような形に白砂が盛られた向月台《こうげつだい》などを眺めていると、心が静かになっていきます。私は禅に詳しくありませんが、禅寺である銀閣寺の庭園を歩いていると、わび・さびという概念の一端に触れたような気持ちになります。

市中の喧噪を離れて行ってみたい「鞍馬」が12位に

「鞍馬」は京都市街の北に位置し、中心部とは印象の異なる静かなエリアです。鞍馬山は、牛若丸と名乗っていた幼少期の源義経が天狗《てんぐ》と修行したという天狗伝説が残っているところ。そんな険しい山の上に鞍馬寺があるのですから頑張って登って行かなければなりませんが、それでも訪日客が訪れるのは、パワースポットとして有名だからでしょう。山深い森の中のお寺には、外国人が惹かれるミステリアスな雰囲気があります。くらま温泉もあり、鞍馬山の自然に囲まれた露天風呂は人気があります。

鞍馬寺の本殿からは、歩いて山を越え、貴船に行けます。京都の街で人の多さに疲れた時、山の中を二時間ほど歩いて鞍馬寺や貴船神社を訪ねるのはとてもリフレッシュになります。

トップクラスの日本庭園「桂離宮」では英語の参観ツアーも

桂離宮《かつらりきゅう》は宮内庁が管轄する元八条宮家の別邸で、広大な敷地に大きな池があり、書院や茶室、小さな天橋立などが配された優美な日本庭園です。江戸時代に造られた庭園の中でも傑作といえるでしょう。建物内には入れませんが、数寄屋《すきや》風書院造りの美しい外観などを鑑賞できます。参観料は一〇〇〇円。参観には予約が必要ですが、申し込みはインターネットでもできますし、参加人数に空きがあれば当日申し込みも可能なのは旅行者にはうれしいことです。

近畿

参観はガイドツアーで、英語など五カ国語の音声ガイドを無料で借りることができます。最近になって、英語の参観ツアーも行なわれるようになりました。予約も英語でできるようになったことは、外国人にとっては朗報です。

ガイドの説明を聞きながら園内を散策しますが、五年前に参観した時は、写真撮影できる場所が決められていました。おそらく、途中で道が狭くなっていたり、飛び石の上を歩いたりするので、撮影に夢中になって足を取られると庭にダメージを与えかねないからでしょう。日本庭園らしく四季それぞれに見応えがありますが、紅葉時期がやはりベストです。

京都の夜は「花灯路」でしっとりと

14位の花灯路《はなとうろ》は催しの名前ですが、もうすっかり京都の年間イベントとして定着した感があります。歴史はまだ浅く、二〇〇三年に東山で、二〇〇五年から嵐山で始まりました。嵐山は紅葉の後の一二月、東山は桜の前の三月と、年二回の開催です。

印象的なのは行灯《あんどん》。やわらかな灯りが路地の足元を照らし、寺社のライトアップや生け花の展示も行なわれます。嵐山エリアの渡月橋や竹林、東山エリアの八坂の塔や三寧坂など、昼間とは違う幻想的な美しさが観光客を魅了するのでしょう。古くから行なわれている催しものではないのに歴史を感じてしまうほど、京都の景観にぴったり合った外国人好みのイベントです。

西山で最高の眺望なら「善峯寺」

京都の西山にある天台宗のお寺、善峯寺《よしみねでら》が満足度15位でした。山の傾斜に建っていて眺めが素晴らしい。このロケーションは特別で、東山の清水寺に対して、京都市街をはさんで反対の西山にある善峯寺は、〝西の清水〟と言ってもいいと思います。桜と紅葉の名所でもあり、両シーンともＪＲ東海のＣＭに使われて、ますます有名になりました。

ただ、中心部から離れているので、行きづらさはあります。電車から乗り換え、一時間に一本のバスで所要時間は三〇分。でもそのおかげで静かな山の中でゆっくり散策できるのです。

宇治の「平等院」は極楽浄土のイメージ

16位に入った平等院を訪れた外国人は、みんな10円硬貨を出して見ています。池の上に建てられた鳳凰堂《ほうおうどう》の景観は平安時代の極楽浄土のイメージ。そのような「浄土式庭園」は当時人気の庭園様式でしたが、現存するものは数少なく、ほぼ完全な形で見られるのが平等院です。長く伸びた左右のウイング部分は対称形で、全体が鏡のように手前の池に映る……。特別な美しさです。池がきれいなのは、最新のテクノロジーでバクテリアを利用して水を浄化しているからだそうです。外国人も宇治はお茶で有名と知っているので、表参道の宇治茶のお店や抹茶スイーツのカフェなども楽しんでいるようです。

大阪府

1位▼USJ（ユニバーサル・スタジオ・ジャパン）［★4・1］／2位▼海遊館［★4・1］／3位▼ミナミ（難波）［★3・9］

世界中の観光客が目指すＵＳＪ、ミナミ、天神祭……。大阪のカジュアルさは外国人にも心地よい

大阪は、東京と同じように大都市ですが、雰囲気はかなり違います。中国でいえば北京と上海、アメリカでいえばワシントンとニューヨークのようなイメージです。大阪人は、オープンマインドな感じがしますし、関西弁もとても親しみやすく聞こえます。日本をよく知る欧米人の間では、「東京より、大阪に住むほうが気楽」という意見もあります。決まりを守ろうとする東京に対して、大阪はカジュアルでおもしろいからだそうです。

二〇二五年の大阪万博の開催決定で活気づく大阪は、満足度ランキングでも大阪らしい勢いを感じさせる楽しいスポットが上位に挙がっているように思います。日本ビギナーの外国人の中には「東京に行くから、大阪は行かなくていいや」という人もいますが、あべのハルカスの展望台「ハルカス３００」からの眺めは絶景ですし、万博記念公園で見学した「太陽の塔」の内部にも大いに感動しました。

大阪は「食い倒れの街」というだけあって、食べ物がおいしいのも魅力です。最近はＳＮＳでもよく紹介されるようになり、大阪のよさを知る外国人は増えている印象です。

日本のアニメキャラに会える「USJ（ユニバーサル・スタジオ・ジャパン）」

USJ（ユニバーサル・スタジオ・ジャパン）は、次々と新しいアトラクションを作って、評判を呼んでいます。世界的大ヒットとなった映画『ハリー・ポッター』シリーズのアトラクション「ウィザーディング・ワールド・オブ・ハリー・ポッター」は、二〇一四年、アメリカ以外では初めてUSJにオープン。それを楽しみに、多くの外国人がUSJを訪れるようになりました。

最近は、「ユニバーサル・クールジャパン」という日本独自のアトラクションを目当てに訪れる人も増えているようです。

「ユニバーサル・クールジャパン二〇一九」では、「美少女戦士セーラームーン」や「ゴジラ対エヴァンゲリオン」、「名探偵コナン」や「ルパン三世」、「進撃の巨人」などのコラボアトラクションを楽しむことができました。アニメは、日本発のクールなエンターテインメント。やはり、人気は絶大です。

そして二〇二〇年には、世界初の「SUPER NINTENDO WORLD™」がオープンします。「マリオカート」のライド・アトラクションなど、任天堂のキャラクターやゲームの世界を楽しめるアトラクションは、任天堂のゲームで育った世代なら、国籍を問わず大興奮することでしょう。

近畿

ＵＳＪのメリットは、梅田駅、大阪駅から電車で約一〇分と、街から近くて行きやすいこと。ＵＳＪ人気は、これからもしばらく続くのではないでしょうか。

外国人が注目するユニークな水族館「海遊館」

満足度2位の海遊館は、沖縄美《ちゅ》ら海《うみ》水族館と並んで、外国人に人気の日本最大級の水族館です。大阪の湾岸エリアにあり、ＵＳＪから船で行くこともできるなど、アクセスがいいので、大阪滞在中に行こうと思う人は少なくないでしょう。有料ですが、音声ガイド（英語、中国語、ハングル、フランス語、タイ語対応）の貸し出しがあるので、外国人には助かります。

八階建ての建物に入ると、最初に心を奪われるのは、三階にあるトンネル型水槽のアクアゲートです。魚が泳ぐ間をくぐり抜けていく感覚はドキドキしますし、頭上を飛ぶように泳ぐエイの様子もスリル満点です。さらに印象的なのは、四階から六階までぶち抜きの巨大水槽です。太平洋を再現したこの水槽では、ジンベエザメがゆったりと泳いでいて、とても迫力があります。

海遊館のこの構造はとてもユニーク。縦長の巨大水槽がフロアを貫いているので、違う階からも同じ水槽を見ることができます。別の角度から見ると、違った楽しさを味わえるのは発見でした。

大阪府満足度ランキング

1位	**USJ（ユニバーサル・スタジオ・ジャパン）**	4.1 ★★★★☆	860人
2位	**海遊館**	4.1 ★★★★☆	1854人
3位	**ミナミ（難波）**	3.9 ★★★★☆	3085人
4位	国立文楽劇場	3.9 ★★★★☆	296人
5位	箕面公園	3.8 ★★★★☆	331人
6位	天神祭	3.8 ★★★★☆	199人

7位：住吉大社★3.8　8位：大阪城★3.8　9位：国立国際美術館★3.7　10位：歴史博物館★3.7　11位：梅田スカイビル★3.7　12位：万博記念公園★3.6　13位：あべのハルカス★3.6　14位：四天王寺★3.6　15位：新世界★3.6　16位：キタ（梅田）★3.6

大阪ならではの雰囲気と料理を味わいたい訪日客は「ミナミ」へ

大阪のミナミ（難波）は、東京でいえば渋谷のような街。賑わいが好きな外国人には、ミナミは完璧な場所といえるでしょう。ミナミに来ると、「あぁ、大阪に来たなぁ」と感じるぐらい、大阪のイメージそのものです。

街は、かに道楽やグリコの看板など、カラフルな看板で埋め尽くされ、夜になってもたくさんの人で溢れています。外国人には、あの賑わいが珍しくて楽しいのです。タコ焼きやお好み焼きを食べるのも楽しみにしていることの一つでしょう。

騒がしくて迷路のような商店街が多いミナミ周辺を歩くのは、外国人にとってはスリリングな探検です。黒門《くろもん》市場に行くと、食べ物を扱う店や食堂などが並んでいて、串に刺したフルーツを買って食べたり、店の前に置かれたテーブルで食事ができたりします。

近くには、千日前道具屋筋商店街《せんにちまえ》もあります。ここは、東京の合羽橋《かっぱばし》道具街のようなところとして外国人にも知られていて、皿や包丁などのキッチン用品を扱う店をただ見て歩くだけでも楽しめます。

法善寺《ほうぜんじ》横丁を歩いていると、店が並ぶ隙間に突然小さなお寺が現れたりするのも、とても日本らしい光景。外国人は、そんなちょっとしたハプニングが大好きです。

人形浄瑠璃文楽の「国立文楽劇場」がランキング上位に

大阪の満足度ランキングを見た時、「えっ、国立文楽劇場がランクイン!?」と正直驚きました。ですが、よく考えてみると、「人形浄瑠璃文楽」は「能」や「歌舞伎」と並んで、日本のユネスコ無形文化遺産になっています。日本の伝統芸能に関心が高い外国人が、国立文楽劇場での人形浄瑠璃文楽に感激し、この高評価につながったのだと思います。

人形浄瑠璃文楽は、あやつり人形の動きがとてもリアルです。まるで生きているかのような動きに、驚かされます。それに、三味線の演奏も日本的ですね。

人形の動きは、言葉がわからなくてもかなり楽しめますが、国立文楽劇場には英語版イヤホンガイドも用意されています。

大阪ミナミの中心地、道頓堀の風景

街の喧騒を逃れて紅葉に酔える「箕面公園」が5位

箕面《みのお》公園は、箕面山周辺に位置する国定公園です。大阪市内から電車で約三〇分とアクセスがよく、街の喧騒を逃れて静けさを味わえる手軽さが、私は気に入っています。

公園内には、日本の滝百選にも選ばれている箕面滝があり、公園入り口からは四五分程度のハイキングです。途中、箕面公園昆虫館があったり、瀧安寺《りゅうあんじ》という日本最初の弁財天があったりしますから、寄り道を楽しみながらのどかな雰囲気を楽しめます。

また、滝とは別の方向に進んでいくと展望台もあって、のんびり半日過ごすのにちょうどいい公園です。

特に素晴らしいのは、秋の紅葉の時期。十一月下旬から十二月上旬がベストです。賑やかな大阪の近くにこんな豊かな自然があるなんて、信じられないほどです。秋にこの公園を訪れた外国人の満足度は、きっととても高かったと思います。

6位の「天神祭」では伝統の祭りと大規模な花火を一度に楽しめる

天神祭《てんじんまつり》は、一〇〇〇年以上の歴史がある日本三大祭りの一つです。毎年六月下旬から七月二五日までの約一カ月間、いろいろな行事が行なわれます。

祭りのクライマックスは、「陸渡御《りくとぎょ》」と「船渡御《ふなとぎょ》」が行なわれる最終日です。

陸渡御は、一五時半頃に大阪天満宮を出発し、天神橋の船着き場まで太鼓台から響く太鼓の音に導かれ、色鮮やかな衣装の人たちが行列します。

夕方、陸渡御が天神橋付近の船着き場に到着すると、船が次々と大川に漕ぎ出して、船渡御が始まります。

そして、夜には約五〇〇〇発もの奉納花火が打ち上げられます。街の中を流れる大川に浮かぶたくさんの船と、夜空を美しく彩る無数の花火……陸と川と空を舞台にしたこんなダイナミックな夏祭りは、天神祭でしか経験することができません。

川沿いにズラリと並ぶ屋台をのぞきながら食べ物を買い、ビールを飲みながら花火を楽しむという日本的な夏祭りの楽しみ方も、外国人には忘れられない体験となります。

水の都として栄えた大阪の魅力いっぱいの天神祭

一五年ぐらい前は、祭りでも浴衣を着ている日本人はあまり見かけませんでしたが、最近は浴衣を着る日本人、さらには外国人も増えてきた印象があります。夏祭りの浴衣姿は、日本らしくていいですね。

そしてもう一つ、外国人から見ると普段はおとなしいように思える日本人が神輿《みこし》を担いで練り歩き、大声を張り上げワイルドに変身する様子も、祭りならではの日本の光景です。外国人には、とても興味深く、それも満足度を高めているのでしょう。

兵庫県

1位▼姫路城［★4・5］／2位▼城崎温泉［★4・5］／3位▼竹田城跡［★4・2］

日本初の世界遺産「姫路城」。浴衣と下駄で外湯めぐりを楽しむ訪日客が急増中

「平成の大修理」が終わり、白さが増した日本一の城

満足度1位は「姫路城」。当然と言えば当然の結果です。日本一のお城で、日本初の世界遺産。大きさ、美しさ、全体の構造、何をとっても完璧です。天守は大天守と小天守が渡櫓《わたりやぐら》で連結された連立式天守で、江戸時代から残る「現存十二天守」の一つ。まわりの建物もすべてよく保存されています。街の中央にあって、駅からずっと天守を見ながら進んで行けます。二〇一五年に「平成の大修理」が終わって白さがよみがえり、いっそう美しい姿になりました。中に入ると城内は意外に大きく、見えているのになかなか天守に着けませんが、それさえも楽しみの一つ。天守まで行く過程もおもしろいのです。

かつての姿をベストな状態で味わえるお城で、外国語の案内も行き届いています。世界でもトップレベルの観光スポットに、訪日客が高い評価をつけたことには納得です。

「城崎温泉」は人気上昇中、天空の城「竹田城跡」も3位に

「城崎《きのさき》温泉」は、街の運営方針が大成功をおさめた例だと思います。浴衣と下駄で散歩できる温泉街。それが城崎温泉の人気の理由です。街全体の雰囲気が素晴らしくなりました。ここ数年で外国人観光客が急増しているのもうなずけます。

外湯が七つあり、一日入り放題の「外湯めぐり券」もありますし、宿泊すれば全部無料で使われます。結果、宿の内湯も使うけれど外湯にも行きたいと思う温泉街になりました。

街全体が一つの温泉旅館という考え方で、みんなで協力し合って、おもてなしをしていく。それが訪れる人にも伝わって、2位という満足度の高さにつながったのでしょう。

3位の「竹田城跡」は、朝来《あさご》市にある城跡で、「天空の城」としてすっかり有名になりました。雲海の中にお城が見える様子は、なんともミステリアス。今では全国各地にそのような城がありますが、最初に話題になったのがこの竹田城跡です。建物はもうなく、基礎の石垣がきれいに残されています。

丘の上なので城からの眺めもとてもいいですが、やはり雲海に浮かぶ姿を見たいという人は、城が望める朝来山の中腹にある立雲峡《りつうんきょう》へ。雲海が発生しやすいのは秋の早朝です。ただし気象条件によるので、いつでも見られるわけではありません。第一展望台までは駐車場から歩いて四〇分。簡単には行けない、そのたいへんさもいいと思います。

奈良県

1位▼東大寺［★4・5］／2位▼吉野山［★4・4］／3位▼依水園［★4・2］

奈良はまるで街全体が世界遺産！大和の面影を残す古都は名所の宝庫

奈良は、東京、京都、大阪に次いで、外国人に人気の訪問先。その理由は、日本の歴史的建造物に関心が高い外国人が多いからです。

奈良は、大和《やまと》と呼ばれ、日本のはじまりの地といわれています。そういうわけで、奈良には歴史的名所がたくさんあります。七世紀に建てられた法隆寺など、歴史的価値の高い建造物が残っていますし、実際に訪れてみると、そのスケールの大きさに驚かされます。

世界遺産に登録されている「古都奈良の文化財」は、東大寺、興福寺、春日大社、元興寺《がんごうじ》、薬師寺、唐招提寺《とうしょうだいじ》、平城宮跡、春日山原始林という八つで構成されていて、奈良の街全体が世界遺産のようです。古都奈良は、日本の歴史が見つかる街として、外国人にも愛されています。

満足度1位は世界最大級の木造建築「東大寺」

東大寺は、昔から日本の観光スポットのトップ10に入るほど有名で、奈良を訪れる外国人のほとんどは、東大寺に行くことが主な目的です。外国人を魅了するのは、何といってもあのスケールの大きさです。東大寺は世界最大級の木造軸組建築であり、大仏殿にある「奈良の大仏（盧舎那仏《るしゃなぶつ》）」も想像以上の大きさ。外国人は「最大」という言葉に弱いのかもしれません。

日本最大だという南大門の大きさにも、目を見張りました。南大門に立つ金剛力士像（仁王像）を初めて見た時の驚きも、忘れられません。迫力のある表情、腕や足、胴体の筋肉や血管まで細かく表現されていて、しかも木彫りだということに感激しました。

東大寺は、建物内での写真撮影が許されています。建物内は写真撮影禁止の寺が多い中、これはかなり珍しく、観光客にはうれしい限りです。これほど大きな大仏は、やはり記念として写真に残したいものです。ですが、問題は被写体が大きすぎること。一度トライしましたが、あまりにも大きくて、広角レンズを使わないと入りきらないことがわかりました。

東大寺や興福寺、春日大社、奈良国立博物館などがある周辺は、奈良公園になっていて、古くから鹿が「神の使い」として保護され、国の天然記念物になっています。

野生の鹿が東大寺の参道や公園を平然と歩いていることは、外国人にとっては驚きです。鹿といえば森にすむ動物。人間を見たら逃げるものだと思っていましたが、奈良ではごく普通に人と共存しているのです。奈良公園で鹿せんべいを買って与え、鹿と触れ合うことも、外国人にとっては非日常の体験です。鹿の存在も、東大寺の人気を支えていると思います。

近畿

桜好きな外国人が絶賛する「吉野山」は霊場としても有名

満足度2位の吉野山は日本有数の桜の名所です。山全体を覆う桜は見事で、「一目千本《ひとめせんぼん》」と呼ばれ、麓から下千本、中千本、上千本、奥千本と順に開花していきます。シーズン中はたいへんな賑わいで、道路も大渋滞になりますが、それでも見に行きたい外国人は多いのです。特徴は、ほかの花見スポットより山桜が多いこと。ソメイヨシノは全国同じDNAなので、花の色も同じ、白に近いピンク色になりますが、山桜は木によってDNAが違うため、色味が豊富です。特にピンクのバリエーションが多く、濃淡さまざまなピンクに彩られた山は本当にきれいです。

桜だけでなく、吉野山は古くから修験道の霊場で、七世紀後半には総本山の金峯山寺《きんぷせんじ》が建てられ、「紀伊山地の霊場と参詣道《さんけいどう》」の一部として二〇〇四年に世界遺産にも登録されています。鎌倉時代末期には、後醍醐天皇が吉野に南朝の朝廷を開いて南北朝時代（一三三六〜九二）が始まるなど、歴史的にも重要な場所でしたから、外国人の関心も高いのでしょう。

東大寺とセットで楽しむ訪日客も多い「依水園」

依水園《いすいえん》は、江戸時代に造られた「前園」と、明治時代に造られた「後園」がある日本庭園です。二つの庭園にはそれぞれ池があり、飛び石や小さな滝、水車などが配された遊歩道を歩き

奈良県満足度ランキング

1位	**東大寺**	4.5 ★★★★⯪	3472人
2位	**吉野山**	4.4 ★★★★⯪	194人
3位	**依水園**	4.2 ★★★★☆	379人
4位	法隆寺	4.2 ★★★★☆	1479人
5位	長谷寺	4.2 ★★★★☆	140人
6位	春日大社	4.1 ★★★★☆	1319人

7位：若草山焼き★4.1　8位：談山神社★4.1　9位：室生寺★4.1　10位：奈良公園★4.1　11位：お水取り★4.0　12位：吉城園★4.0　13位：薬師寺★4.0　14位：唐招提寺★4.0　15位：新薬師寺★3.9　16位：今井町★3.8

ながら、いろいろな角度から庭園を見学することができます。東大寺と興福寺の間に位置しているので、寺めぐりをしながら立ち寄る外国人が多いようです。

園内はどこも美しいのですが、後園の向こうに東大寺南大門や若草山が見えるのは、依水園ならではの贅沢な景観です。後園には氷心亭《ひょうしんてい》という書院造りの茶室があり、庭園を眺めながら抹茶でひと休みすることもできます。

依水園の前園と川をはさんで「吉城園《よしきえん》」という日本庭園があります。吉城園には池がないので、依水園ほどの空間的広がりは感じられませんが、依水園の入園料がやや高いのに対して、こちらは外国人観光客の入園料が無料です。そういうわけで、ジャパンガイドには「吉城園のほうが満足度は高かった」という声も寄せられています。

外国人の興味をそそる世界最古の木造建築物「法隆寺」

法隆寺は、世界で一番古い木造の建築物であり、日本で最初に登録された世界遺産です。「世界一」は外国人に人気のキーワードですから、満足度が高いのは当然でしょう。

法隆寺が建てられたのは、六〇〇年代とのこと。その歴史を考えると、気が遠くなります。金堂《こんどう》の横に建つ五重塔も世界最古です。こうした木造建築が、今も美しい姿で自分の目の前に建っていることに、深い感銘を受けます。

後になって、法隆寺は保存のために何度も解体修理が行なわれていることを知り、全部オリジナルではないのかと複雑な気持ちになりました。ですが、建物を解体して最小限の傷んだ部分だけを補強し、パズルのように組み立てているという修復方法を聞いて、その技術と根気に逆に感動しました。

断崖絶壁に建つ「長谷寺」の天空の舞台から望む景色は圧巻

二〇一九年のJR西日本のテレビCMでも紹介されたので、記憶にある人も多いでしょう。奈良真言宗豊山《ぶざん》派の総本山長谷寺は、山の中腹の断崖絶壁に本堂が建っていて、そこまで三九九段の登廊《のぼりろう》が続いています。本堂は、崖にせり出した舞台造りになっていて、バルコニーのような舞台に出ることができます。山の中腹ですから、舞台からの眺めは抜群です。右には五重

山の中腹という独特の立地が生み出す長谷寺の絶景

塔が望め、奥には山の景色が広がっています。訪れたのが秋だったこともあり、紅葉の美しさに心を打たれました。個人的に日本三大舞台を挙げるなら、「京都の清水寺」「山形の山寺」、そしてこの「奈良の長谷寺」です。

鎌倉の長谷寺にあるのと同じ一本の霊木から造られたという十一面観音像は、一〇メートル以上の高さがあり、特別拝観の時には、本堂の下から入って足元から仰ぐように眺められます。親指の爪の幅が三〇センチメートルはありそうな観音像の足に触れることもできます。

登廊の長い階段を上るのは大変ですが、屋根が付いている木造りの登廊自体も重要文化財となっていて、とてもフォトジェニックです。山の斜面にあってアクセスがいいとはいえませんが、森の中の建物は神秘的な雰囲気ですし、観光客が比較的少ないので、満足度は高いと思います。

世界遺産の神社「春日大社」では本殿参拝をすすめたい

春日大社は、一二五〇年以上の歴史を持つ世界遺産の神社です。奈良公園の中に参道があるので、広々としていて気持ちよく、たくさんの石燈籠《いしどうろう》や釣灯籠《つりどうろう》が並んでいて、参道を歩いているうちに心が穏やかになっていきます。

東大寺とセットで訪れ、鹿にえさをやり、参道を歩いてその雰囲気を味わい、世界遺産の神社を外から眺めて満足している外国人観光客が多いようですが、春日大社を訪れたら、ぜひ有料エリアの本殿にも足を運ぶべきでしょう。

本殿にある建物内には入れませんが、色鮮やかな朱色の建物はとても印象的。初めて見学した時は、法隆寺のような木の色の建物とまったく違うことに驚きましたが、「この派手な色が奈良時代の姿なのだ」という発見がありました。

本殿そばの北回廊沿いに、「藤浪之屋《ふじなみのや》」という小さな部屋があります。ここには、たくさんの燈籠が展示されていて、写真撮影もＯＫ。真っ暗な空間でほのかに光る燈籠は、とてもミステリアス。すてきな写真が撮れる、外国人にとってはうれしいスポットです。

ちなみに、今回の集計では7位になりましたが、古都奈良の早春の到来を告げる伝統的なイベント、若草山焼きも、満足度ランキング上位の常連です。毎年一月の第四土曜日に行なわれるのですが、初めて若草山焼きを知った時は、東大寺や春日大社、春日山原始林などの世界遺産に囲まれている山を燃やして、燃え移ったりしないのだろうかと、心配になりました。

当日は、山焼きの前に約二〇〇発の花火が打ち上げられ、冬の夜空を華やかに彩ります。花火が終わり、暗闇の中を山焼きの炎が下から上へと線状に上っていくさまは、とても厳かな雰囲気です。そして、山全体が燃えていき、夜空を焦がしていくのです。外国人観光客は、山を燃やすという予想外の伝統行事に驚き、その迫力ある光景に感激します。若草山の近くで臨場感を楽しむのもいいですが、この感動的なイベントを写真に収めたいなら、平城京跡や興福寺の五重塔をからめて撮影すると素晴らしい一枚になります。

和歌山県

1位▼高野山宿坊体験［★4・6］／2位▼高野山奥之院［★4・5］／3位▼那智大社［★4・5］

世界遺産「紀伊山地の霊場と参詣道」に登録された、「高野山」と「熊野那智大社」は特別な場所

「高野山宿坊体験」は異文化を味わいたい旅行者に根強い人気

「高野山の宿坊体験」と「奥之院」は、1位・2位とかなり満足度が高い結果になりました。やはり体験は大きいと思います。

宿坊体験は、タイムスリップというより文化スリップという感じ。地理的にも特別な体験ができます。欧米人は仏教に深い興味がある人が多いので、山の上のお寺で、精進料理をいただき、畳の部屋に泊まって、さらに仏教のおつとめに参加できるとあれば、自然と人気も高まります。また、真言宗なので、護摩《ごま》を焚く行《ぎょう》が特に印象に残るようです。

中でも、「奥之院」はいちばん神聖な場所で、高野山を開いた弘法大師が今も瞑想を続けていると考えられています。外国人から見ても、ミステリアスで神聖な雰囲気を感じます。

最近は、英語で対応する宿坊も増えてきました。ただ、宿坊に泊まる意味を理解せず、宿泊施設と思っている外国人観光客もいるようなのは残念なことです。きちんと勉強してから行く

高野山の宿坊にて。木造の建物や美しい中庭など心落ち着く宿泊体験ができます

よう、サイトでは伝えています。

熊野古道を辿り世界一高い「那智の滝」と「那智大社」へ

熊野古道の「熊野那智大社」は景色が素晴らしい神社です。日本三大瀑布の一つ「那智の滝」がご神体で、滝の下にある別宮の飛瀧《ひろう》神社からは、鳥居の奥に見える滝を直接拝めるようになっています。

そのような景色は、今、特に観光には大切なのではないかと思います。滝と青岸渡寺《せいがんとじ》の三重塔が一緒に写った写真は、トップ10に入るくらい素晴らしい日本を代表する景色で、人間が造った建物と自然とのつながりを感じられます。素晴らしくフォトジェニックで、日本的で、このような自然をリスペクトする伝統に、外国人は心惹かれるのです。

鳥取県

1位▼鳥取砂丘［★3・8］／2位▼観音院［★3・7］／3位▼大山［★3・4］

圧巻、しかも楽しい「鳥取砂丘」が1位！ お寺の庭園でいただく抹茶とお菓子は格別

砂丘は日本の自然のバリエーションを感じさせてくれる

1位の「鳥取砂丘」は、文句なくすごいところです。そして楽しい！　日本なのに砂漠体験ができ、その広さは感動的です。日本の自然のバリエーションを感じさせてくれる場所でもあります。日本の人はあまり意識していないようですが、実は日本は世界でも珍しい、ほとんどの自然の景色がある国なのです。山、海、川、流氷、ジャングル、サンゴ礁、そして砂丘。鳥取砂丘はそのバリエーションの一つですね。

砂丘そのものも素晴らしいですが、砂丘のすぐ隣にある「砂の美術館」もおすすめです。砂像彫刻の美術館で、開館は四月中旬から翌年一月の初めまで。休館中に砂像を制作するのだそうです。砂丘から近いので、ぜひ行ってほしい美術館です。

名勝庭園がある「観音院」が2位、中国地方の最高峰「大山」は3位に

ここも日本!? と驚かされる、壮大な砂丘の風景

鳥取市内にある天台宗のお寺「観音院」が2位に入りました。境内には、江戸時代初期に造られた、観音院庭園と呼ばれる名勝庭園があります。拝観料に抹茶とお菓子代が含まれているので、抹茶をいただきながら、書院の正面に広がる庭園を眺めて静かな時を過ごせます。それは外国人にとって格別な体験になります。満足度が高い理由は庭園と、その時間の素晴らしさでしょう。

中国地方には高い山が少なく、3位「大山《だいせん》」の剣ヶ峰《けんがみね》が最高峰（標高一七二九メートル）ですが、現在通行禁止のため、頂上は弥山《みせん》とされています。山頂へは三時間ほどで大山寺にお参りしてから登ります。頂上付近は木道で、美しい景色に励まされながら歩けますから、山好きな外国人にとっては魅力ある山でしょう。秋は紅葉スポットとして有名です。

中国

島根県

1位▼出雲大社［★4・4］／2位▼足立美術館［★4・3］／3位▼太鼓谷稲成神社［★4・2］

神話の奥深さを秘めた「出雲大社」は感動的！ 鳥居のトンネル「太鼓谷稲成神社」はシンボリック

八百万の神々が集う「出雲」は外国人にも特別な場所

出雲《いずも》といえば神話。神話を知ると「出雲大社」にさらに興味がわいてきます。旧暦一〇月は神無月《かんなづき》ですが、出雲には全国の八百万《やおよろず》の神々が集まるので「神在月《かみありづき》」と呼ぶことなど、感動的なおもしろさです。そして本殿の両側にある十九社《じゅうくしゃ》という二つの建物は、集まった神々の宿舎だそうです。それらを知ると見方が全然違ってきます。Must see の神社ですね。昔の本殿はすごく高かったこと、参道が下り坂になっていること、注連縄《しめなわ》の太さなど、出雲大社への興味は尽きません。

表参道には、名物「出雲そば」があり、外国人にも人気です。

「足立美術館」の訪日客人気はやはり不動

2位の「足立《あだち》美術館」はアメリカの日本庭園雑誌のランキングで、二〇〇三年以降、毎年連

日本の歴史と神話に興味がある人は必見。厳かな佇まいの出雲大社

続でトップになっています。そのせいで有名になり、訪れる外国人が増えました。庭園も美術作品の一部というポリシーのもと、専任の庭師さんたちが毎日手入れをして美しさを保っているそうです。景観が変わらないよう、背後に見える山々も足立美術館が買い取っているというのですから驚きです。

3位の「太鼓谷稲成神社《たいこだにいなりじんじゃ》」は津和野《つわの》にあります。この順位には驚きました。満足度の理由は伏見稲荷大社と同じ、赤い鳥居のトンネルでしょう。鳥居は小さめですが、山の斜面に沿ってジグザグと本殿まで続いていて、とても印象的な風景です。

外国人はなぜそれほど鳥居が好きなのか？ やはり日本のシンボルと感じているからではないでしょうか。鮮やかな朱色が写真映えするというのも今の時代、大きな理由だと思います。

岡山県

1位▼松山城［★4・5］／2位▼犬島［★4・3］／3位▼後楽園［★4・1］

「備中松山城」には猫城主も登場！国際的なアートの島として「犬島」が有名に

「猫城主」が話題の備中松山城、三名園の一つ「後楽園」も高評価

高梁市《たかはし》にある松山城は、愛媛県松山市の松山城と区別するために「備中《びっちゅう》松山城」と呼ばれています。現存十二天守の一つで、唯一の山城です。標高約四三〇メートルの山の上に建っているので、行くのは本当にたいへんですが、バス停から歩いて行く途中に石垣や城壁が残っていて、山城の構造が見られるところが人気です。

最近、備中松山城は二つの理由でさらに注目を集めています。一つは雲海に浮かぶ「天空の城」として話題になったこと。もう一つは猫城主がいることです。「さんじゅーろー」と名付けられた保護猫が、PR大使として正式デビュー。観光客に大人気だそうです。

日本三名園の一つ「後楽園《こうらくえん》」は3位に。外国人は日本庭園が好きですが、後楽園は芝生が多いことから、欧米の人からガッカリされることもあります。芝生のような人工的なものより、もっと自然に近い造りを日本庭園に期待しているからです。

しかし、全体的には池、島、橋、小さい山、滝などのような外国人のイメージする要素も入っているので、やはり人気があります。隣りに立つ岡山城を借景として取り入れており、日本庭園とお城のコラボレーションが素晴らしい眺めを作り出していて、それも満足度の高さにひと役買っていると思います。

かつての銅精錬所は美術館に。外国人はアート散歩をのんびりと

犬島《いぬじま》は「瀬戸内国際芸術祭」の中で唯一、香川県ではない島です。現在ではアートの島として有名になり、そのおかげで満足度2位になったのだと思います。

昔は銅の精錬所があった島で、その遺構は、「犬島精錬所美術館」となりました。まだ高い煙突が残っていて、廃墟のような雰囲気もあり、印象的です。

直島《なおしま》（148ページ）と同じく「家プロジェクト」があり、小さい島のあちこちにアート作品があります。多くの外国人が島を散歩して作品を見ることを楽しんでいますし、私も大好きです。

島というのは特別な空間ですね。ここではペースがゆっくりです。観光客が増えたので、おしゃれなカフェなどができましたが、フェリーの便は少なく必ず待ち時間があります。その時間はゆっくり過ぎていく。早いペースで移動したくても、できないのです。このペースこそが「瀬戸内国際芸術祭」のアートの素晴らしさの一つだと、個人的には思います。

中国

広島県

1位▼厳島神社［★4・6］／2位▼平和記念公園［★4・4］／3位▼しまなみ海道［★4・4］

「広島平和記念資料館」で、人間が忘れてはいけない歴史を学ぶ

「平和記念公園」から「厳島神社」へ、がポピュラーなコース

満足度1位の「厳島神社《いつくしま》」は、日本を代表する景色と言ってもいいでしょう。海の中にそびえる朱色の鳥居、そして神社自体も海の上に建っているというのは、本当にスペシャルで、世界有数の文化財です。鳥居をくぐりたいからと干潮時には歩いて行く人が増えましたが、実は観光客のマナー違反も深刻化しています。

広島県に行く外国人観光客は、2位の「平和記念公園」を訪れた後、厳島神社に行く人が多いようです。二〇一九年四月、「広島平和記念資料館」本館がリニューアルオープンしました。リニューアルの成果は素晴らしく、テーマがより伝わりやすくなったと思います。最初にショッキングな展示を見て、原爆の脅威を知り、その後の展示でもっと勉強するという順序です。

また、以前よりも、人の名前や被爆者の個々のストーリーを紹介しています。子供たちの話

が多いのも強く印象に残りました。周囲には涙を流しているかたもかなりいて、外国語にも翻訳されているので、家族で訪れていた外国人のお母さんも泣いていました。

私もそうでしたが、外国の人たちは日本を旅行する時、「広島に行かなければ。平和記念資料館を見なければ」と思うようです。七十数年前にこのようなことが起こったとは信じられず、初めて訪れた時には哀しみを強く感じました。でもこの史実を絶対忘れないように、このような印象的な博物館が必要だと思います。そしてたくさんの人が訪れるのは、平和の大切さを知る意味でも素晴らしいこと。旅行とは、楽しむためだけではなく、このように歴史を勉強するという意味もありますから、その体験は観光の大切な一部だと思います。

「しまなみ海道」は瀬戸内海の眺めが最高！

広島県尾道《おのみち》市と愛媛県今治《いまばり》市をつなぐ「しまなみ海道《かいどう》」が3位に入りました。瀬戸内海の島々を七つの橋で結んでいます。高速道路と歩道とサイクリングロードがある、全長約六〇キロメートル（サイクリングロードは約七〇キロメートル）の道路で、とにかく景色が素晴らしい。橋を渡る時は高い位置から瀬戸内海を眺められ、海の上で最高のサイクリングができます。レンタサイクルは片道でもOKで、自転車のタイプによって途中で乗り捨てもできます。ロード上には約一四〇カ所の休憩所も。今では「サイクリストの聖地」と呼ばれ、世界中からサイクリストが訪れる場所になりました。途中、平山郁夫美術館などの見どころもたくさんあります。

中国

山口県

1位▼錦帯橋［★3・9］／2位▼東光寺［★3・8］／3位▼萩の城下町［★3・8］

「錦帯橋」の五つのアーチは完璧な美しさ。毛利家のお墓がある「東光寺」は石灯籠がすごい！

山口が誇る日本一美しい橋の景観は桜と紅葉の時期も素晴らしい

「伝統的な橋」というカテゴリーでは、日本のいちばん素晴らしい橋といえる「錦帯橋《きんたいきょう》」。太鼓橋ですが、アーチは一つではなく五つあります。その形がたいへん美しいので、外国人の満足度も高いのです。

見て感動したあとは渡ってみたいと思うもの。でも渡るのは有料（往復）です。それに驚く人もいますが、このような建造物を管理していくのはお金がかかるので、仕方がないと思います。桜のシーズンは素晴らしい花見スポットになり、紅葉の時期も美しく印象的な写真が撮れます。

「東光寺」のあとは、江戸時代から変わらぬ「萩の城下町」へ

東光寺《とうこうじ》は萩《はぎ》藩主の毛利《もうり》家第三代から十一代までのうち、奇数代の藩主のお墓がある黄檗宗《おうばくしゅう》の

このアーチが美しい！　と外国人も絶賛の錦帯橋

お寺です。それぞれの墓所とその前に整然と並ぶ五百基以上の石灯籠《いしどうろう》の眺めが壮観で、それが高い満足度の理由だと思います。偶数代の藩主のお墓は大照院《だいしょういん》にありますが、お墓以外は東光寺のほうがおもしろい建物が多いです。

お寺はかなり立派で、山門もきれい。黄檗宗ですから中国の影響も感じられます。木々に囲まれたミステリアスな雰囲気も、外国人は大好きです。

東光寺を訪れた人は、3位の「萩の城下町」にも行っているはずです。萩は戦災に遭わず、大きな開発もありませんでした。ほかの城下町が時代とともにさまざまな再開発、道路の拡張などで変化する中、萩はそれほど変わっていないので、なんと今でも江戸時代の地図が使えるそうです。私の中で、保存という観点では城下町のナンバーワンです。

徳島県

外国人もハマる「阿波おどり」は夏の特別な四日間。「祖谷渓」は古民家集落と秘境の雰囲気が極上

1位▼阿波踊り［★4・2］／2位▼祖谷渓［★4・1］／3位▼大塚国際美術館［★3・9］

「阿波おどり」も国際化し、海外にも連があるほどに

「阿波おどり」は徳島の伝統的な祭りで、四日間にわたって行なわれます。この期間中、徳島市の中心部は、すべてが祭りの舞台となり、国内外からも多くの観光客が訪れます。夏の祭り特有の開放感が素晴らしく、その熱気、盛り上がりは四日間で最高潮に達します。

見るのも楽しいですが、「連《れん》」を作って参加することもできます。外国人連もできていますし、既に海外でも連が作られているそうです。阿波踊りの楽しさにハマってしまう人が多いのでしょう。そんな思いを反映してか、見事に満足度1位でした。

ほかでは味わえない露天風呂体験、「大塚国際美術館」も人気

今や外国人に大人気の「祖谷渓《いやけい》」。山の奥にあり、行きづらい場所ですが、田舎のいい雰囲気が残っています。スリル満点のかずら橋、山の斜面に集落がある光景など、魅力がいっぱ

い。住む人がいなくなった茅葺《かやぶ》き屋根の民家を宿泊施設として整え、一棟貸ししている、アレックス・カー氏の古民家再生プロジェクトも人気です。

この谷にある祖谷温泉は一軒宿で、まわりはただ森と谷が広がるだけ。露天風呂は、ケーブルカーで谷底まで下りていくと、川のほとりにあります。ちょっとライドのようなワクワク感もあり、露天風呂からの景色も素晴らしいです。

3位になったのは、日本で二番目に大きい「大塚国際美術館」です。この美術館の特徴は、世界の著名な芸術作品を、実物大で陶板に焼き付けて展示していること。この方法だと劣化が少なく、手で触れても大丈夫で、二〇〇〇年たっても色褪せず、長く保存できるそうです。展示作品は、ボッティチェッリ「ヴィーナスの誕生」、ダ・ヴィンチ「モナ・リザ」、ゴッホ「ひまわり」など、誰もが知っている名画ばかり。システィーナ礼拝堂の天井画・壁画もあります。

ただ全部コピーですから、芸術に厳しい人たちは嫌かもしれません。私もこの評価の高さには驚きましたが、世界中の名画を、たとえ本物でなくても全部一度に観ることができるという点では、これはこれでよいのかなとも思います。実際、見応えがありましたし、満足度3位という結果は、そう感じている人が多いということなのでしょう。

香川県

1位▼豊島［★4・4］／2位▼直島［★4・2］／3位▼金丸座［★4・2］

瀬戸内国際芸術祭が育んだアートの島々は高評価。金毘羅参りから江戸文化を偲ぶ芝居小屋へ

アート好きの外国人は「豊島」と「直島」を目指す

1位の「豊島《てしま》」と2位の「直島《なおしま》」は、「瀬戸内国際芸術祭」のアートで有名になった島々です。最初は直島から始まり、その後だんだん豊島に広がっていきました。

豊島がトップの理由は二つ。一つは「豊島美術館」が素晴らしいことです。説明したいですが、言葉で語るより観ていただくのがいちばんよいと思います。もう一つは、瀬戸内の落ち着いた島の一つだから。特別な雰囲気の小さな世界がそこにあります。簡単には行けない、出るのも難しい。生活はフェリーに合わせたペースになります。豊島美術館以外にもあちこちにアート作品がありますので、一日島にいて、歩いて探してみるのもいいと思います。

ベネッセと安藤忠雄氏の建築で現代アートの島として生まれ変わった直島は、外国人に有名になりすぎた感があります。国際芸術祭開催期間中と週末はかなり混んでいて、どこにもツーリストがいます。ベネッセハウス（美術館とホテル）と地中美術館は大人気で、草間彌生さんの

中央に白く見えるのが豊島美術館。時間を忘れる素晴らしいアート作品です

かぼちゃも有名ですし、芸術だけでなく、島の自然、景色とのコンビネーションも楽しめます。島という環境は特別な雰囲気があり、もしこれらのアートが東京の真ん中にあったら、全然違う印象かもしれません。

歌舞伎の舞台裏を見学できる、旧金毘羅大芝居「金丸座」が3位

日本には古い芝居小屋がいくつか残っていますが、その中で「金丸座《かなまるざ》」はいちばんおもしろいと思います。それは舞台裏から床下まで全部見学することができるから。手動で操作する「廻《まわ》り舞台」や「すっぽん」の仕掛けまで、すべて見られます。昔とほぼ同じ状態のまま本当によく保存されている劇場です。隣りが金刀《こと》比《ひ》羅《ら》宮《ぐう》なので、参拝の時にこちらにも立ち寄ることをおすすめしています。

愛媛県

1位▼道後温泉（本館を含む）［★4・1］／2位▼臥龍山荘［★4・0］／3位▼松山城［★3・9］

『坊っちゃん』ゆかりの温泉地で千と千尋の世界観を満喫。風雅な「臥龍山荘」も外国人好みの和の佇まい

ジブリアニメのモデルの一つ？「道後温泉本館」は特別な存在感

松山市にある「道後《どうご》温泉」は、三〇〇〇年以上の歴史があるといわれる温泉地で、夏目漱石の小説『坊っちゃん』にも登場します。シンボル的存在の「道後温泉本館」は明治時代の建物で昔の雰囲気がよく残されていて、特に有名です。木造三階建てで、休憩のためのいろいろな部屋があり、利用できる浴室とサービスによって料金が設定されています。中には漱石ゆかりの部屋もあります。

この本館がモデルの一つになったと言われるのが、ジブリアニメの『千と千尋の神隠し』。訪れてみると、この建物から大きなインスピレーションを得られた理由がわかる気がしてきます。

二〇一九年から本館の保存修理工事が始まり、現在は一階の入浴のみの営業になっています。工事が終了するのは二〇二四年度の予定。それまでの間は、二〇一七年にオープンした

「飛鳥乃温泉《あすかのゆ》」などで外湯体験をするのもよいでしょう。周辺には商店街やさまざまな観光スポットがあって、そちらも楽しめます。

明治の面影を残すシックな山荘はとても外国人好み

2位に入った「臥龍《がりゅう》山荘」は、大洲《おおず》市にある、明治時代に建てられた山荘です。建物も庭もすごく雰囲気がいい。川横の崖の上に建つ小さい茶室「不老庵」は、清水の舞台のような懸《かけ》造りで、その佇まいは本当に美しく、外国人は好きだろうと思います。特に「霞月《かげつ》の間」の、丸窓が満月を、違い棚が霞を表し、向こう側にロウソクを置くと月明かりのように見えるところなど、外国人が好きな和の演出でとても印象的でした。

3位は「松山城」。一般的に「松山城」というと、この愛媛県の松山城を指します。江戸時代から残る現存十二天守の一つ。ほかの松山城と区別するため、「伊予松山城」とも呼ばれます。天守は小天守と櫓《やぐら》が組み合わされた連立式天守という造りで、外国人が好む美しさ。全体的によく保存されています。

松山市の中心部、標高一三二メートルの山の上に建っていて、眺望が素晴らしく、春はお花見スポットとして賑わいます。

高知県

1位▼高知城［★3・7］／2位▼五台山［★3・6］／3位▼桂浜［★3・6］

大名が生活した珍しい城は高知のランドマーク。大河ドラマの影響？ 海外の龍馬ファンは桂浜へ

周辺が完璧に保存された「高知城」の天守は魅力充分

現存十二天守の一つ、「高知城」。天守は小さめですが、丘の上に建っているので、市内からよく見えます。特別な構造で、本丸の中に天守と御殿があり、実際に大名が生活していました。実はこれはひじょうに珍しいことなのです。

高知は国のいちばん外側にあって、他藩の通り道にならず、危険が少なかったので、防御のために重要な天守に、生活の場である御殿が造られたのだと聞いています。お城好きな外国人は多いので、その珍しさの分、満足度が高くなったのだと思います。

2位の「五台山」には札所のお寺も、自然も五重塔も庭園も

2位の「五台山《ごだいさん》」は高知市にある小さい山で、一帯は五台山公園として整備され、山頂の展望台からは市街を一望できます。近くの牧野植物園はフラワーパークのような気持ちいい公園

高知の街を見守る高知城。特別な構造でお城ファンを魅了しています

で、ここからの眺めも素晴らしい。山麓には四国霊場第三十一番札所の竹林寺《ちくりんじ》というお寺があり、境内には外国人の好む立派な五重塔や国指定の名勝庭園もあります。

「桂浜《かつらはま》」が高知の3位になりました。日本人は坂本龍馬が好きですが、外国人はそうでもないと思っていましたので、この結果にちょっと驚いています。大河ドラマ『龍馬伝』は外国でも放映されましたから、その影響で訪れる人が増えたのかもしれません。桂浜の龍馬像はたいへん印象的ですし、周囲の景色もすごくきれいです。ただ、「浜」ではありますが海には入れません。波が高く潮の流れが速いので遊泳禁止なのです。それを残念に思う人もいるようです。

近くに坂本龍馬記念館があり、龍馬に興味がある人はもちろん訪れています。

福岡県

1位▼光明禅寺（大宰府）［★3・9］／2位▼福岡の屋台［★3・8］／3位▼博多祇園山笠［★3・8］

福岡の苔寺は枯山水の庭で高評価に。「屋台でラーメン」は、外国人には外せない日本体験

太宰府天満宮山道の「光明禅寺」は紅葉シーズンが最高

満足度1位の「光明禅寺《こうみょうぜんじ》」は太宰府天満宮の参道のそばにある禅寺です。別名「苔寺《こけでら》」とも呼ばれ、枯山水の素晴らしい庭園があり、その庭が評価の高い圧倒的な理由だと思います。前庭が白砂に石を「光」という字に配した「仏光石庭《ふっこうせきてい》」、そして裏庭は苔と白砂で陸と海を表した「一滴海庭《いってきかいてい》」。秋の紅葉シーズンは特に人気です。

しかし現在、前庭以外は撮影禁止となっています。観光客にとっては残念ですが、そのマナーの悪さも一因といわれています。禅寺ですから静かに過ごしたい人もいるので、禁止も仕方ないかもしれません。苔と白砂と紅葉のコントラストを、目で存分に楽しんでいただきたいと思います。

福岡の屋台は大人気。夏に訪れる旅行者の目当ては「博多祇園山笠」

ラーメン人気を反映して、「福岡の屋台」にぜひ行きたい、という訪日客はとても増えています。近年は外国人もすごく詳しくなっていて、博多ラーメンの特徴を知っています。だから絶対に福岡で本格的な博多ラーメンを食べたいと思っているのです。

市内に一〇〇軒以上ある屋台では、ラーメン、おでん、餃子などの定番メニューのほか、洋食系も登場。隣りの人と距離が近くて話しやすい雰囲気が、屋台のいちばんの魅力です。屋台エリアは何カ所かあり、地元の人が少ない場所もありますが、外国人にとっては福岡の人か東京の人かは、あまり関係ありません。そこで日本の人とカタコトでも話せたという体験が、とてもうれしいのです。

3位の「博多祇園山笠《ぎおんやまがさ》」は、毎年七月一日～一五日に開催される櫛田《くしだ》神社の奉納神事で、勇壮な男の祭りです。山笠には、舁《か》き手がかついで走る「舁き山笠」七基と、動かさず展示するのみの「飾り山笠」一四基(うち一基は走る)があります。最終日は、舁き山笠が約五キロメートルのコースを走る時間を競う「追い山」で、このタイムレースによって、祭りがさらに盛り上がります。祭りの期間中は街の中で追い山の練習もあり、その光景もおもしろく、私にとってもまた見たいお祭りの一つです。

二〇一六年にはユネスコ無形文化遺産にも登録されました。

佐賀県

1位▼祐徳稲荷神社［★4・2］／2位▼有田&伊万里［★3・7］／3位▼吉野ヶ里歴史公園［★3・1］

「祐徳稲荷神社」の鳥居と本殿は外国人好み。焼物の里「有田・伊万里」は期待通りの素晴らしさ

山の斜面に建つ極彩色の本殿と鳥居、庭園は外国人にうれしい

「祐徳稲荷神社《ゆうとくいなり》」には赤い鳥居のトンネルがあります。そう、外国人が大好きな風景です。日本の伝統色「朱色」と鳥居の形に日本らしさを感じるのです。山の斜面に建つかなり大きな神社で、中央の本殿は清水寺の舞台のような造り。土台の部分は朱色、本殿は日光東照宮のような極彩色で、それも外国人が好きなポイントかもしれません。山頂の「奥の院」まで行く途中にあるのが鳥居のトンネルです。伏見稲荷大社ほど長くはありませんが、見応え充分で眺めも最高です。日本庭園もあって、神社以外の要素も楽しみたい外国人にはうれしい神社です。

歴史を感じる「有田」「伊万里」。「吉野ヶ里歴史公園」も必見の場所

佐賀といえば「有田《ありた》・伊万里《いまり》」の焼物ですが、海外でも有名です。豊臣秀吉の朝鮮出兵の後、大名が多くの陶工を連れて帰り、有田で白磁に適した土が見つかったため、磁器が生産さ

祐徳稲荷神社の本殿は、清水寺を彷彿とさせる見事な舞台造り。こちらは鮮やかな朱色です

れるようになりました。伊万里港から輸出したので、有田焼は外国では伊万里焼と呼ばれるように。

おすすめの観光スポットは「大川内山《おおかわちやま》」。鍋島《なべしま》藩の御用窯《ごようがま》があったところで、今も多くの窯場が並び、煙突があちこちに立っていて、村内を歩くだけでも楽しい場所です。

「吉野ヶ里《よしのがり》歴史公園」は、日本の弥生時代のことを知るのに大変わかりやすい場所です。広大な公園には幾つかのエリアがあり、かなり歩かないと全部は見られません。集落全体が復元されているので、多くの建物があり、歴史好きではなくてもおもしろいと思います。外国人は、見て体感でき、実際に中に入れる、リアルな雰囲気の場所が好きなのです。吉野ヶ里歴史公園はその要素を満たしていますので、満足度も3位と高評価でした。

長崎県

1位▼軍艦島［★4・4］／2位▼稲佐山［★4・3］／3位▼平和公園［★4・0］

廃墟の風景が訪日客にも人気の「軍艦島」。長崎では「平和公園」に行かなければ……と思う

世界文化遺産・軍艦島のインパクトは絶大

「軍艦島《ぐんかんじま》」の正式名称は端島《はしま》。長崎港の南西約一九キロメートルのところにあり、かつて海底炭鉱で栄えた島でした。最盛期には東京ドームの約一・三個分の面積の島に五二〇〇人以上の人が暮らし、世界一人口密度が高い場所だったそうです。それが、一九七四年の閉山で無人島になりました。急に全島民がいなくなったため、島はまるで廃墟のように……。評価が高い理由は、その見た目のインパクトかもしれません。最近は外国人にも廃墟が人気なのです。

二〇〇九年から上陸・見学が許可され、英語のツアーも催行されるようになりましたが、その後、周遊ツアーのみとなっています（二〇一九年十二月現在）。上陸ツアーの再開が待たれます。映画『007 スカイフォール』（二〇一二年）では、セットのモデルにもなっています。

二〇一五年には、「明治日本の産業革命遺産　製鉄・製鋼、造船、石炭産業」の構成資産の一つとして、世界文化遺産に登録されました。

2位の「稲佐山」は歴史ある街を一望できる絶景スポット

長崎市は入り組んだ湾が特徴で、斜面が多い複雑な地形ですが、そのおかげで風光明媚な街になりました。夜になると特別に美しい夜景が見られます。満足度2位の「稲佐山《いなさやま》」はその絶景スポット。日本三大夜景の一つで、外国人観光客にも大人気です。夜だけでなく、昼間も標高三三三メートルの山頂展望台から長崎の街が一望でき、3位の「平和公園」がある浦上《うらかみ》方面もよく見えます。晴れていれば、遠く雲仙《うんぜん》岳や五島列島まで眺められます。

長崎は昔から日本と外国とのミーティングポイントでした。そこにはひじょうに深い歴史がありますそして原爆という忘れてはいけない歴史もあります。広島に次いで長崎にも原爆が落とされたことは、ほぼ世界中の人が知っています。歴史に関心がある人はみな行きたいと思うでしょう。私もその一人でした。

長崎に行くと、平和公園を訪れなければという気持ちになります。平和公園は五つのゾーンに分かれていて、原爆に関連するのは三ゾーン。その歴史を辿るなら、原爆落下中心地碑がある「祈りのゾーン」、平和祈念像がある「願いのゾーン」を訪れてから、「学びのゾーン」で長崎原爆資料館を見学するのがよいと思います。それぞれ少し離れているのですが、外国の人にもぜひ時間をかけて見てほしいと願っています。

九州・沖縄

熊本県

1位▼黒川温泉［★4・4］／2位▼阿蘇山［★4・0］／3位▼熊本城［★4・0］

地球の驚異を感じる「阿蘇山」と「黒川温泉」。〝城らしい城〟と人気の「熊本城」は桜の季節も美しい

1位の「黒川温泉」は露天風呂の多さが外国人にとって理想的

「黒川温泉」は、外国人目線で見ると、理想のイメージに最も近いと私自身が思う温泉地です。理由の一つは街がきれいなこと。昔からさまざまな工夫を凝らし、派手な看板などはなくして、街全体の景観をきれいにしてきました。二つ目は、ほとんどの宿に露天風呂があること。外国人は露天風呂が大好きで、自然を見ながら温泉に入るのは最高と思っています。その露天風呂に三軒まで入れる「入湯手形」のシステムはたいへん便利で、外国人でも利用しやすいです。これらが満足度1位の理由でしょう。阿蘇山の北に位置する温泉です。

その「阿蘇山」が2位に入りました。阿蘇の魅力は、何といっても火山の景色が素晴らしいこと。世界最大級のカルデラがあり、外輪山で囲まれた中に街や農地、広大な草原があるという、珍しい場所です。今も噴火活動が活発な中岳《なかだけ》は、規制がない時は火口近くまで行けますが、噴火警戒レベルが上がると火口には近づけなくなります。地球の驚異を感じる場所でもあ

街全体で景観づくりに努力してきた黒川温泉は、外国人も大好きなタイプの温泉地

りますね。

県民のシンボル「熊本城」は力強く復興中

「熊本城」は日本のお城の中では指折りの保存と復元がなされた城の一つだと思います。天守は鉄筋コンクリートでの再建ですが、石垣はほとんど築城当時の部分が残されていて、その大きさは感動的です。熊本のシンボル的存在で、二〇一六年の熊本地震で被災した姿には、誰もがショックを受けました。現在、着々と復旧・復元工事が進んでいるところです。

外国人に人気の理由は、大きい、きれい、城らしい城だから。その景色が春はさらに素晴らしく、日本のトップ10に入るほどの花見スポットになります。

大分県

1位▼六郷満山［★4・2］／2位▼由布院温泉［★4・1］／3位▼別府温泉［★4・1］

世界に誇れる温泉地「由布院」「別府」。国東半島のユニークな文化には訪日客も興味津々

山岳修行の場として栄えた「六郷満山」が高評価に

「六郷満山《ろくごうまんざん》」は国東《くにさき》半島にある寺院群の総称です。昔からの山岳信仰が、宇佐神宮の八幡信仰、天台修験《しゅげん》と融合し、神仏習合の独特な六郷満山文化が生まれました。多くの寺社や石仏の中でも熊野磨崖仏《くまのまがいぶつ》は有名です。修行の場だったことを偲ばせる険しさも、ミステリアスな雰囲気も人気です。国東半島の文化は本当にユニーク。訪れる人が多いわけではありませんが、来訪者の満足度はそこが評価されて高かったのでしょう。

女性好みの「由布院温泉」と地獄めぐりが楽しい「別府温泉」

「由布院《ゆふいん》温泉」は他の温泉地と違って、ちょっとオシャレな雰囲気があります。もともとは別府十湯（現在は八湯）の一つでしたが、別府から独立した後は、自然や環境を守り、女性だけでも来られるような温泉町を目指しました。最近各地にそのような温泉が増えているのは、由

由布岳を望む自然豊かな立地。伝統的な温泉文化とオシャレな町並みが調和する由布院温泉

布院が成功したからかもしれません。

外国人にとって街はちょうどいいサイズ。中央に川が流れ、メインストリートには可愛いショップやカフェが並んでいます。宿も多く湯量が豊富なのが特徴。周囲には田園風景が広がり、由布岳の眺めも格別です。そんなところが好まれ、満足度は2位となりました。

その由布岳をはさんで東に位置する「別府温泉」が3位。源泉数、湧出量はともに日本一。別府八湯は源泉が違うだけでなく、お風呂の種類が多いのが特徴です。蒸し湯、砂湯、泥湯などの珍しい温泉も別府なら全部体験できます。入るのはもちろん、見る「地獄めぐり」もあり、蒸し湯はスチーム料理にも利用されています。温泉好きな外国人には本当にうれしいバリエーションです。このような温泉アクティビティがあるのは別府だけですね。

宮崎県

1位▼高千穂峡［★4・4］／2位▼天岩戸神社［★4・1］／3位▼宮崎科学技術館［★4・0］

ミステリアスな神話の里に感動。「宮崎科学技術館」では未来の科学を体験できる

古事記の世界を求めて外国人は「高千穂」と「天岩戸神社」へ

神話の里ならではのスポットが並びました。1位「高千穂峡《たかちほきょう》」と、2位「天岩戸神社《あまのいわと》」です。スピリチュアルな場所が好きな外国人は多いのです。しかし、『古事記』の「天岩戸」神話を読んでいないと、旅の感動は半減してしまいますから、ジャパンガイドではサマリーだけでもいいので、読んでおくことをおすすめしています。

高千穂峡は本当にきれいな峡谷です。ボートに乗りたい人は多く、上から眺めてもボート上からも景色が素晴らしい。静かで、神話の世界そのものの谷です。

天岩戸神社は、奥にある天安河原《あまのやすかわら》の洞窟がミステリアスな雰囲気で、外国人にとっては感動的だと思います。神秘的な雰囲気に惹かれて訪れ、その通りの体験ができた。それが高千穂峡と天岩戸神社の高い評価の理由でしょう。

高千穂町内に泊まって、夜、高千穂神楽《かぐら》を観賞するのは本当に忘れ難い体験です。

神々しさと神秘性を感じさせる高千穂峡

科学実験や宇宙船のレプリカが楽しい科学技術館が3位に

神話から一転、3位にランクしたのは「宮崎科学技術館」です。地元の小学生のための科学技術館ですが、評価が高い理由はインターアクティブ。パネルやボタンに触れると科学的な実験ができるのです。思わず次から次へと試したくなり、いろいろな体験ができて大人も楽しめます。

宇宙のコーナーでは、アポロ11号の月面着陸船イーグル号の実物大模型や、ジェミニ宇宙船(ジェミニカプセル)の実物大の実験用モデルなどを展示。世界最大級のプラネタリウムも併設されています。

鹿児島県

1位▼屋久島［★4・7］／2位▼霧島ハイキング［★4・4］／3位▼桜島［★4・1］

縄文杉に出合える「屋久島」は比類なき地。火山と共存してきた鹿児島の歴史を想う「霧島」「桜島」

自然の豊かなパワーをもらえる「屋久島」は特別な島

満足度トップは「屋久島《やくしま》」です。年間を通して雨が多く、そのおかげでとても緑が豊かな島になりました。苔が多く、素晴らしい森があり、そこに有名な屋久杉があります。「縄文杉」が最も有名ですね。その緑の森を歩き、縄文杉に会うために、多くの外国人が屋久島を訪れます。

森だけでなく海もきれいで、温泉もあります。ヤクシカやヤクザルなど野生動物も多くて、特別な島です。一九九三年、日本で初めて世界遺産に登録されています（四カ所同時）。

火山が作りだした景観を歩く「霧島ハイキング」のあとは温泉へ

霧島は連山で、韓国岳《からくにだけ》、中岳、高千穂峰《たかちほのみね》などの山々が連なり、数々のハイキングコースがあります。そのため「霧島ハイキング」としてランクインしました。縦断するトレイルもありま

まるで人格を持っているかのような堂々たる存在感の屋久島・縄文杉

すが、噴火活動が活発な新燃岳《しんもえだけ》や硫黄山《いおうやま》周辺では、よく入山規制がしかれます。

一つだけ登るとしたら、高千穂峰がおすすめ。神話にも登場して歴史的な面白さがありますし、霧島連山の景色が素晴らしいのです。ハイキングのあとは霧島温泉で疲れを癒やす楽しみもあります。

3位の「桜島」は噴火活動が活発なので、火口に近づくことはできません。大きな街のすぐ隣りにそのようなアクティブな火山があるのは外国人にとってはたいへん珍しく、心配にもなります。何十キロも離れないと危ないと思っている人がけっこう多いのです。でも、鹿児島では目の前に桜島がある。その堂々とした姿には感動します。安全だとわかると行ってみたくなるようで、フェリーで渡り、島内観光を楽しむ外国人が多いようです。

沖縄県

1位▼西表島［★4・5］／2位▼美ら海水族館［★4・4］／3位▼竹富島［★4・4］

西表、竹富、宮古、石垣は納得の満足度。戦争遺産「平和祈念公園」にも「行って良かった」の声

沖縄は離島が人気です。離島人気がこれほど高まっているのは、外国人が抱いてきた日本のイメージを覆す美しい自然に出合えるからだと思います。東京のような近未来的な大都市や京都や奈良の歴史的建造物を想像していた外国人の目には、沖縄の離島の碧い海や白砂のビーチ、亜熱帯のジャングルは、とても珍しく新鮮に映るのです。

美しい海がクローズアップされ、リゾートらしい明るい開放感を期待してくる人が多い沖縄ですが、戦争遺跡という負の遺産が存在していることも事実です。最近、戦争遺跡を訪れる外国人が増えつつあるのは、よい傾向だと思います。

堂々1位の亜熱帯ジャングル「西表島」で鮮烈な秘境体験

西表島《いりおもてじま》は、沖縄本島の次に大きな島で、島の約九〇パーセントが亜熱帯の原生林、つまりジャングルです。私は、この西表島で初めて亜熱帯ジャングルを経験したのですが、そのワイルドな自然に衝撃と興奮を覚えました。

カヌーを借りて両岸にマングローブが広がる川を進むと、シオマネキやハゼなど、ヨーロッパでは見かけないような海辺の生物に出合います。ジャングルの中では、においや音も新鮮に感じられ、ここまで手つかずの豊かな自然が日本にも残っていることが信じられませんでした。

家族が来日した時も、西表島に連れて行きました。自然の豊かさ、奥深さを見せて、こんな日本もあることを知ってほしかったからです。私にとって、西表島はそれぐらい特別な場所です。訪れた外国人にとっても特別な場所となっていることを、高評価が物語っています。

2位「沖縄美ら海水族館」の水槽のスケール感は感動的

沖縄美《ちゅ》ら海《うみ》水族館に行ったら、日本人も外国人もあの水槽の大きさに圧倒されることでしょう。日本にはたくさんの水族館がありますが、このダイナミックなスケール感には息を呑むはずです。深さ一〇メートル、幅三五メートルという世界最大級の「黒潮の海」の水槽では、たくさんの回遊魚が群れ泳ぎ、その間を二頭のジンベエザメが悠々と泳いでいます。ここには、世界最大のエイの一種のナンヨウマンタも泳いでいます。

自然光が入る設計の「サンゴの海」の水槽はとても明るく、サンゴの美しさに引き込まれます。まるで自分が海の中にいるような気持ちになれるので、何時間見ていても飽きません。

沖縄美ら海水族館は、海洋博公園内にあります。公園内には、「熱帯・亜熱帯都市緑化植物園」や琉球王国時代の沖縄の村落を再現した「おきなわ郷土村」などがあり、水族館と一緒に見学する外国人が多いようです。観光に便利な場所にあるとはいえませんが、那覇空港からは直行バスも運行していますし、片道二時間をかけてでも行く価値はあると思います。

琉球の原風景に触れられる「竹富島」

満足度3位となった竹富島《たけとみじま》には、伝統的な琉球の村の風景が残っています。集落にコンクリートの道はなく、民家は赤レンガの屋根と琉球石灰岩の石垣という昔ながらの佇まい。東京とも沖縄とも違う風景に出合える珍しさが満足度が高い理由でしょう。また、竹富島は石垣島からフェリーで約一〇分と近く、日帰りで観光できる手軽さも魅力です。島にはレンタカー、レンタバイクはなく、徒歩や自転車、水牛車で観光します。水牛に引かれながら竹富島の原風景を眺めていると、時間の流れがひときわスローに感じられて、心が和みます。

竹富島には高級リゾート「星のや竹富島」ができましたが、外国人には民宿滞在が人気です。琉球の古民家に泊まって、島で育ったオーナーと触れあうことは、ほかでは味わえない特別な体験となるからです。

「宮古島」は白いビーチとサンゴ、カラフルな魚たちが魅力

宮古島《みやこじま》には、白砂のすてきなビーチがたくさんあります。海中はサンゴが迷路のように広

沖縄県満足度ランキング（総合）

1位	**西表島**	4.5 ★★★★☆	127人
2位	**美ら海水族館**	4.4 ★★★★☆	515人
3位	**竹富島**	4.4 ★★★★☆	118人
4位	宮古島	4.4 ★★★★☆	158人
5位	平和祈念公園	4.3 ★★★★☆	487人
6位	斎場御嶽	4.3 ★★★★☆	88人
7位	比地大滝	4.2 ★★★★☆	78人
8位	石垣島	4.2 ★★★★☆	170人

9位：海洋博公園★4.1　10位：首里城★4.1　11位：久米島★4.0　12位：座喜味城跡★3.8　13位：勝連城跡★3.8　14位：識名園★3.8　15位：辺戸岬★3.8　16位：中城★3.8
＊沖縄県の満足度は、サイト上では島別ランキングも集計。上記リストは総合順位です。

がっていて、その合間をカラフルなトロピカルフィッシュが泳ぐ様子は、信じがたい美しさです。運が良ければウミガメに遭遇することもあります。スキューバダイビングのライセンスがなくても、シュノーケリングで手軽に美しい海を楽しめるのはうれしいですね。

宮古島には、海の上を渡る「池間《いけま》大橋」や「来間《くりま》大橋」、そして二〇一五年には、長さ三五四〇メートルの「伊良部《いらぶ》大橋」が開通しました。無料で通れる日本一長い橋を車で走ってみたいと、レンタカーを借りる外国人観光客も少なくありません。両側に広がる美しい海を眺めながらのドライブは快適そのものです。

戦争の歴史を語る「平和祈念公園」が満足度5位に

私は、子供の頃から「旅は勉強だ」と両親に教えられ、ヨーロッパ各地を旅してきました。旅先では負の歴史も学ばなければいけません、それは私の母国スイスでもよく言われていることです。

日本の歴史をあまり知らずに訪日する外国人観光客もいる中、沖縄の戦争遺跡を訪れる外国人が増えているうえ、満足度も高いことを知ってとてもうれしく思います。

沖縄戦最大の激戦地となった摩文仁《まぶに》の丘陵を望むこの公園には平和祈念資料館があって、沖縄戦の写真や遺品などが展示されています。資料館の展示物には一部英語の説明がありますし、英語、中国語、韓国語、スペイン語、アラビア語、マレー語、イタリア語、フランス語、ドイツ語の音声ガイドを貸してくれるので、内容を理解しながら回ることができます。

平和祈念公園にある平和祈念資料館だけでなく、旧海軍司令部壕《ごう》のトンネルや資料館、ひめゆり平和祈念資料館など、沖縄の戦争遺跡はどこもわかりやすく作られています。

戦争遺跡を訪れると、誰もがショックを受け、つらくなり、悲しくなり、とても複雑な気持ちになりますが、ほとんどの外国人が「行ってよかった」と感じているようです。誰でも楽しく観光するほうが好きですが、戦争という悲惨な出来事を忘れないために、そして、安全に観光を楽しめる今の平和に感謝するためにも、戦争遺跡を訪れて学ぶことは大切だと感じている旅行者は、私だけではないと思います。

巨大な岩の間をくぐる神聖な体験「斎場御嶽」はインパクト大

沖縄の人にとってたいへん神聖な斎場御嶽。敬意をもって訪れたい場所です

斎場御嶽《せーふぁうたき》は、琉球王国にとってとても神聖な場所です。沖縄の伊勢神宮のような存在と言えばわかりやすいかもしれません。二〇〇〇年、首里城跡などとともに「琉球王国のグスク及び関連遺産群」として世界遺産に登録されています。

　斎場御嶽にあるのは、森や岩などの自然だけ。沖縄独特のスピリチュアルスポットであり、人工的なものは何もありません。観光のハイライトは、大きな岩が互いにもたれかかるようにしてできた三角形の空間で、その突き当たりが三庫理《さんぐーい》という神域になっています。この巨大な岩の間をくぐると、不思議と神聖な気持ちになり、忘れられない体験になることでしょう。

　三庫理の特徴的な形とその圧倒的な大きさには、誰もが驚きます。そして、琉球王国の聖地からスピリチュアルなパワーをもらえるような気がします。

「比地大滝」はジャングルハイキングが高評価の秘密

比地大滝《ひじおおたき》は、沖縄本島の北部にあります。入口から一時間近くハイキングして、ようやく到着する沖縄本島最大の滝です。この場所の魅力は、手軽に山原《やんばる》地方のジャングルを体験できること。滝から流れてくる川に沿って歩いたり、橋を渡ったりしながら滝に向かうのですが、亜熱帯気候が育んだ植物は、本土で見る植物とはまったく違います。途中、カラフルな鳥やトカゲを見かけることもあって、自分が亜熱帯ジャングルの中にいることを実感します。

普通ならそう簡単にジャングルに入ることはできませんが、ここはトレイルが整備されているので大丈夫。滝までのハイキングトレイルは急な斜面もありますが、それほど難しくありません。スニーカーなどの歩きやすい靴を履いていれば、軽装で行くことができます。

往復三時間もかからずに亜熱帯ジャングルの大自然を体験できることは素晴らしく、満足度が高いのも納得です。

離島観光のベースにもなる「石垣島」でダイビング！

東京や名古屋、関西空港などから直行便があって、手軽に行くことができる沖縄の離島が石垣島です。香港や台湾からの直行便もあり、近年は観光客がやや増えすぎている感じもしますが……。

街にはショップやレストラン、コンビニなどもあって、便利に生活できる一方で、きれいなビーチやマングローブ林もあって、沖縄らしい自然を楽しむこともできます。そんなほどよいリゾート感が、外国人観光客にも受けているのでしょう。

一年中マンタに出合える石垣島は、本格的にダイビングを楽しみたい外国人にも有名です。

石垣港離島ターミナルからは、八重山《やえやま》諸島への高速船が出ているので、石垣島をベースに離島観光を楽しむ外国人も増えているようです。

第 3 章

日本で何を食べた？
何を買った？
外国人が楽しんだ
グルメと買い物

意外な人気フードとおみやげは？
訪日客の消費行動

観光庁の「二〇一八年訪日外国人消費動向調査」によると、旅行消費額は四兆五一八九億円。国籍・地域別では、中国、韓国、台湾、香港、米国の順で高い消費額となっています。

この調査によれば、最も満足した購入商品は、菓子類、化粧品・香水、衣類の順。満足した理由をみると、菓子類は「美味しい」に加え「お土産によい・頼まれた」という回答が、化粧品・香水、衣類では「品質が良い」とする回答が多く、衣類では「デザインが良い・かわいい」とする回答も多くみられます。

また、買い物をした場所は、コンビニエンスストア（以下コンビニ）、空港の免税店、ドラッグストア、百貨店・デパート、スーパーマーケットの順となっています。

最も満足した飲食は、肉料理、ラーメン、寿司の順で高く、その理由をみると、「美味しい」「食材が新鮮」に加え、ラーメンと肉料理では、「自国で味わうことができない」「伝統的・日本独特」「好きな料理・食品である」という回答も多いようです。

買い物や飲食については、「ジャパンガイド」、観光庁とも似たような傾向が見られます。

ジャパンガイドが二〇一九年に行なったサーベイには、外国人が好むスナック菓子やラーメン、便利なコンビニやデパートに加え、日本を体験するのに欠かせない「居酒屋」や「おつまみ」についても、さまざまな感想や意見が寄せられました。

印象的だった食べ物のトップは、「寿司」「天ぷら」を抑えて「ラーメン」に。「おにぎり」はコンビニで気軽に買えるのがうれしい

外国人が本場で食べたい、食べてよかったと感じた日本食は？

今や世界各地に日本食レストランがあります。一九七〇年代から八〇年代は寿司と天ぷら、鉄板焼き、一〇年ぐらい前からはラーメン。そして近年は、さらにいろいろな日本食を海外で手軽に味わえるようになりました。

外国人が日本食を身近に感じ、詳しくなるのは、喜ばしいことです。自分の国で食べた日本食をおいしいと感じ、「本場で食べてみたい」と日本に来るようになるからです。日本に興味を持つきっかけは人それぞれでしょうが、日本食も動機の一つになっていると思います。

食事は、旅の大切な要素です。その国で食べておいしかった食事は、いい思い出となっていつまでも心に残ります。外国人に限らず、海外を訪れても食べ慣れたものばかり食べている人は少なくありませんが、その国の食にチャレンジすると、もっと旅は楽しくなります。

日本食のイメージは「ヘルシー」。でも、魚の生食は衝撃的！

私はスイスにいた当時、「日本は、食べ物のお陰で長寿国なのだろう」と考えていました。「日本食は健康によい」というイメージを持っていたのです。

ですが、「魚を生で食べる」という日本人の食習慣を知った時は、ビックリしました。海がないスイスでは、食べるのは湖で獲れる魚が中心です。そのため、生魚は絶対に口にしませんし、調理法によっては火を通しても魚特有の臭いが残っていて、子どもにはおいしくありません。ですから、大人になっても魚が好きではないスイス人は少なくないのです。そんな印象が強かった魚を日本人は生で食べているということが、最初は信じられませんでした。

初めて刺身を食べたのは、留学していたカナダで友人たちと行った日本食レストランです。ステーキもレアを好む私は、魚を生で食べることにそれほど抵抗はありませんでした。食べたのは、マグロ、サーモン、イカだったと思いますが、口に入れた瞬間に「おいしい！」と感じました。それ以来、刺身も寿司も私の好物です。

いくらや明太子などの魚卵も大好きです。日本で初めて明太子スパゲティを食べた時は「こんなにおいしいパスタがこの世にあるのか！」と目を丸くしました。

外国人は旬と見た目にこだわる日本食をリーズナブルに食べたい

◎日本を訪れた時、印象に残った食べ物は？（複数回答可）

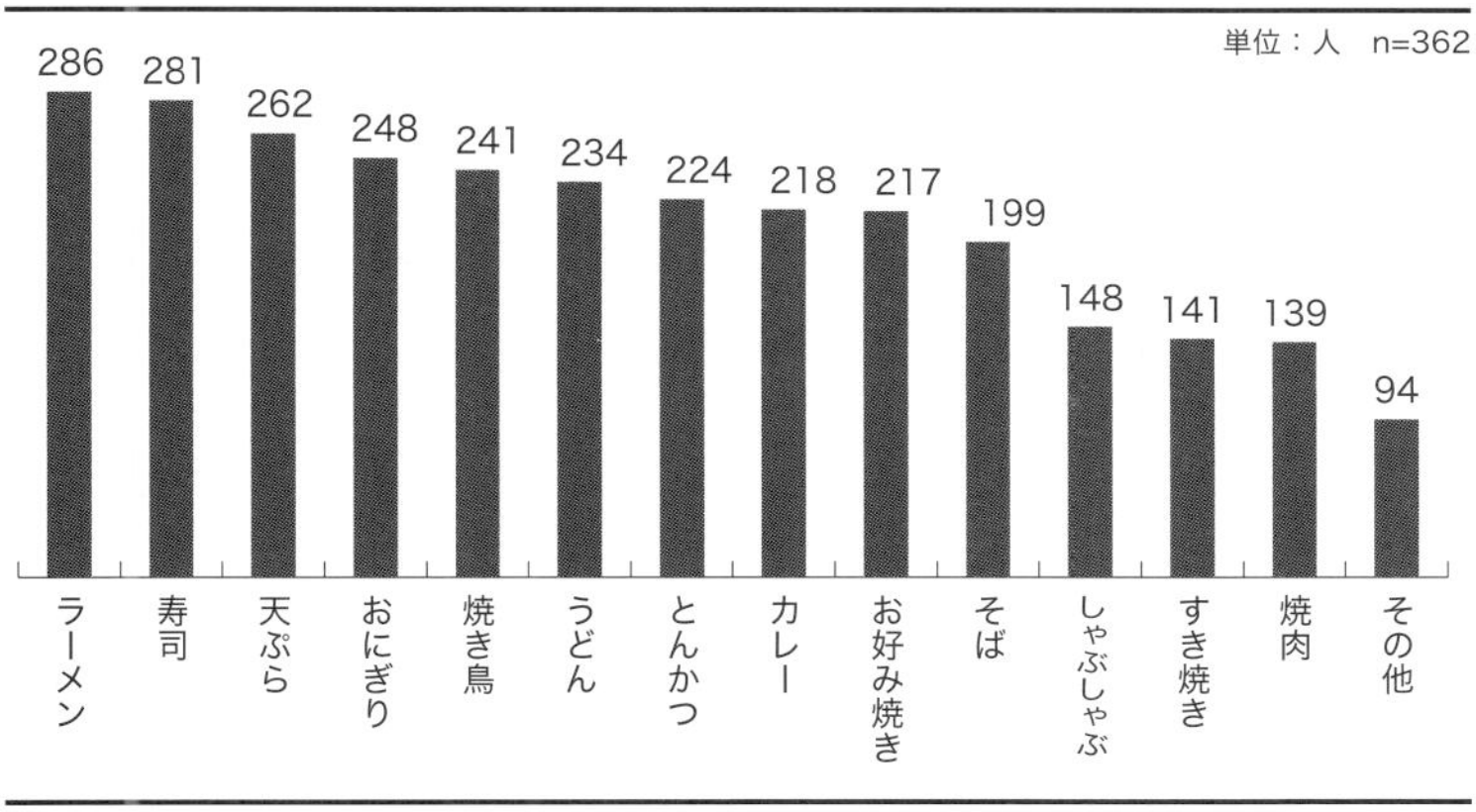

- 定番のラーメン・寿司・天ぷらは上位。アメリカではラーメンがブームとなっている
- おにぎりは４位にランクインするほど認知されている
- 「その他」では「たこ焼き」「うなぎ」「刺身」「餃子」「焼きそば」などがあがっている

日本で暮らし始めて実感しているのは、日本の食事は旬をとても大切にしていること。懐石料理などは、特にそうです。それぞれの季節にいちばんおいしい旬の食材を使いつつ、もみじの葉を飾るなどして、皿の上にさり気なく季節感を表現しています。

　細かくつくりこんだ繊細な日本料理は、本当にアートのようですね。見た目がきれいなので、口で味わう前に、目でもおいしく味わうことができるのが、日本食の素晴らしさです。

　物価が安いアジアから来た観光客には、日本の食事代は高いかもしれませんが、物価が高いスイス出身の私は、それほど高いとは感じていません。コーヒー付きのランチ定食を一〇〇〇円で食べることができる店もあるので、かなりリーズナブルだと思います。

　日本は物価が高いというイメージがあります

が、バブル崩壊後は安いレストランが増えていますし、ボリュームたっぷりの店やワンコインランチの店も多く見かけるようになりました。

驚くような値段の高級店もありますが、情報を集めてきちんと探せば、安くておいしい食事を楽しむことができます。日本語メニューしかない店は、外国人には入りにくいものですが、そういう店でも、ほかの外国人観光客がインターネットで情報をアップしていると行きやすくなります。おいしいものを安く食べるには、やはり情報チェックが大切ですね。

世界中で有名になった「ラーメン」は本場で食べたいグルメの筆頭

日本食といえば、昔は寿司と天ぷらでした。なぜなら、外国にある日本食レストランは、寿司か天ぷらを提供する店が多く、「地元で日本食を食べに行く＝寿司か天ぷら」だったからです。ですが、ここ一五年ぐらいで欧米にもラーメン店が進出し、本格的なラーメンを食べられるようになりました。なかには、行列ができる人気店もあるほどです。

私も留学先のバンクーバーに日本のラーメン店ができた時には、すぐに食べに行き、とんこつのうま味たっぷりのクリーミーなスープの味に一度で虜《とりこ》になりました。そして、「日本で、本場のラーメンを食べてみたい」と思うようになりました。

アジアの人たちにとっては、スープに麺が入った食べ物は珍しくないと思いますが、ソースがからんだパスタが一般的な欧米人にとっては、麺がスープに入っていること自体、ユニーク

ラーメン人気は今や世界的。屋台で食べるのも楽しい

な一品です。そして、やや濃い目のラーメンスープのコクとうま味……欧米のスープにはないおいしさです。麺の太さや縮れ具合なども工夫されていて、スープと絶妙にマッチしています。

ラーメンが寿司を抜いたという今回のサーベイ結果には少し驚きましたが、冷静に考えてみると、ラーメンが好きではない人なんて、この世にはいない気もします（笑）。

私も日本に住み始めた当時は、週に一、二回はラーメンを食べていました。評判になっている店を調べてはるばる食べに行きましたし、地方取材に行った時には、札幌の味噌ラーメン、福島の喜多方《きたかた》ラーメン、博多ラーメンなど、ご当地ラーメンを食べに行ったものです。

最近は、ゆっくり時間をかけて食事をしたい気持ちが強くなり、ラーメンを食べる回数は減りましたが、今でも急いで食事を済ませたい時や肌寒い時は、ラーメンの出番です。

時間を有効に使いたい外国人観光客にとっても、サッと食べられるラーメンは便利な食事です。値段もそれほど高くないので、おいしさも含めて人気の食事なのでしょう。

「天ぷら」と「とんかつ」は外国人にもおなじみの日本の味

子供の頃から、天ぷらは日本の食べ物というイメージを持っていました。たぶん、スイスの日本食レストランで見ていた料理だからでしょう。海外でも、ディープフライ（揚げ物）は、誰もが口にしているポピュラーな料理なので、珍しい料理にチャレンジできない外国人にも食べやすいのだと思います。

また、とんかつは、スイスに「シュニッツェル（Schnitzel）」と呼ばれる似た料理があり、私も子供の頃からよく食べていました。ですから欧米人にはなじみやすいのでしょう。

日本では、専門店以外でもとんかつを提供しているレストランがよくありますから、外国人観光客も口にする機会が多いのかもしれません。

具材の種類が豊富な「おにぎり」はファストフード感覚で楽しく選ぶ

おにぎりを食べている外国人が多いのは意外ですが、きっとコンビニの影響なのでしょう。

私は、日本でおにぎりを食べるようになって、米のおいしさに目覚めました。それまでは、欧米では、リゾット以外はパラパラしたごはんしか食べたことがありませんでした。ところが、日本でコンビニのおにぎりを食べると、ごはんがもちもちとしていて、おいしいことに気づかされます。

コンビニのおにぎりコーナーには、いろいろな具材のおにぎりが並んでいます。具材の写真が付いたパッケージも多いので、外国人でも写真を見てあれこれ選ぶ楽しさがあります。

自分で海苔を巻くのも珍しい体験ですし、海苔のパリパリとした食感も初めてです。そして何より、ごはん自体のおいしさや具材との絶妙なバランスが印象に残ります。値段がリーズナブルで、ヘルシーなファストフードに思えることも、外国人に支持されている理由でしょう。

もう一五年以上も前のことになりますが、スイス人の友人と伊豆にサイクリング旅行に行きました。サイクリング中はコンビニで食事を済ませることが多かったせいか、友人はいつの間にかおにぎりにハマっていました。小腹が空くとコンビニに寄ってはおにぎりを買い、うれしそうにパクパク食べていたことを懐かしく思い出します。

「焼き鳥」はBBQに似ていて外国人にも親しみやすい

焼き鳥はBBQ感覚なので、外国人には受け入れやすい料理です。また、海外では照り焼きチキンがポピュラーですから、甘辛いタレの味にもなじみがあります。

串に刺して焼くという点ではBBQと同じですが、焼き鳥のおいしさはまったく別モノです。評判の焼き鳥店で出てくる焼き鳥は、肉が柔らかくてとてもジューシーです。ＢＢＱで食べるのと同じ鶏肉とは思えませんし、塩とタレで食べ分けるのも味に変化があって、食が進みます。

おもしろいのは、ハツや砂肝など、鶏肉のすべての部位を食べること。最初の頃はどの部位なのか全然わからず、お店の人に聞いてビックリしたものです。

意外な人気フードは「丼」と「オムライス」

「ジャパンガイド」のサーベイに寄せられた、口にした食べ物のフリーコメントの中で印象に残った食べ物として多かったのが、たこ焼き、うなぎ、餃子です。たこ焼きは、街で気軽に立ち食いができるので、口にした人が多いのでしょう。

うなぎを挙げた人が多かったのは、予想外でした。うなぎの形を考えても、外国人にとってはかなりインパクトがあることは間違いありません。私が初めて食べた時は、経験したことのない味にちょっと戸惑いましたが、食べるたびに好きになっていきました。

そのほかに目立ったのが、牛丼、かつ丼、親子丼、海鮮丼などの丼ものです。日本の街にはいろいろな種類の丼専門店があり、値段も手頃です。注文するのも難しくないので、外国人にも入りやすいのです。牛丼は低価格が魅力ですし、親子丼も食べやすい味付けです。

オムライスを挙げている人も、かなりいました。オムライスのケチャップ味は子供も大人も好きな味ですし、上に載ったトロトロの卵がきれいで、斬新だと思います。意外に食べ応えもありますし、見た目の色鮮やかさとともに、おいしい記憶として心に残るのでしょう。

ほかにも、コロッケ、肉まん、唐揚げ、お好み焼き、ふぐ、すっぽん、精進料理、温泉卵、だて巻き、鍋などが、外国人の印象に残っているようです。

日本の「パン」のおいしさは欧米人にも評判

多くの外国人が「日本のパンはおいしい」と言います。日本のパンは、柔らかいのが特徴です。そして、メロンパンやカレーパン、あんパンなど、種類が豊富です。個人的には、スイスのパンのように外が硬くて中が柔らかいパンが好みですが、日本のパンも好きです。

街のベーカリーは、食べたいパンを選んで自分でトレイに載せて買うスタイルなので、言葉がわからない外国人でも確実に楽しむことができます。コンビニでもパンの種類がとても豊富ですし、何よりサンドイッチのレタスなど、具材がフレッシュなことに感動します。

ちなみに、私が今まで食べた中で驚いたユニークなパンは、ちくわパンと明太子パンです。

長芋、山芋、納豆のシャキシャキ・ネバネバは新鮮な食体験に

納豆、味噌汁、梅干しを口にして、外国人が衝撃を受けることは知られていますが、私が日本に来て初めて知ったのは、長芋や山芋のシャキシャキした食感と、ネバネバした食感です。

スイスの料理にはない食感ですし、特にネバネバにはおいしそうなイメージがありません。ですが、食べてみたらこれがおいしかった！　新しい発見でした。

レンコンやこんにゃくも、同じように日本で初めて体験した新しい食感です。

旅館の朝ごはんが苦手な理由は、量が多すぎること

焼き魚、納豆、海苔に卵焼き、ごはんに味噌汁、漬け物といった品数豊富な日本の旅館の朝ごはんは、外国人はちょっと苦手かもしれません。知らない味が多いということもありますが、いちばんの理由は、量と種類が多すぎるからです。普段、パンとコーヒーという軽い朝食で済ませている外国人にとっては、起きたばかりの食事に、このボリュームと謎の新しい味覚の数々が並んでいると、なかなかチャレンジしようという気にはならないようです。

最近は、事前に洋食をチョイスできる旅館も増えてきました。日本の旅館は朝食付きが中心ですし、食事を残すのはもったいなくて申し訳ないので、食事のチョイスが増えるのは良いことだと思います。

パンケーキに似ていて親しみやすい？「どら焼き」「大福」「たい焼き」が三大人気。和のフレーバーアイスクリームもおいしい思い出に

外国人にとって和菓子は、もちもちとした食感が珍しい

日本を訪れた時に食べた和菓子の中で、「どら焼き」が一番人気なのはちょっと驚きです。見た目がパンケーキに似ているので、親しみやすいのかもしれません。コンビニでも手軽に買うことができますし、価格もリーズナブル。だから、チャレンジしやすいのでしょう。

「大福」のもちもちとした食感は、欧米人にはとても新鮮です。最近は欧米でも人気が出てきたようで、私はカナダのスーパーで大福を見かけたことがあります。

チューリヒにはそれほど日本食のお店は多くないのですが、ある時突然、家族が大福の話を始めて驚いたことがあります。聞けば甥っ子が、ラーメン店でデザートに提供された大福にハマり、以来、私の家族もみんな大福の大ファンになったのだそうです。

どら焼きも大福も中身はあんこ。それも、欧米人にはユニークです。かじると、外側とは違う食感が現れるのは、楽しいですね。大福の材料はもち米と小豆ですし、「和菓子はスイーツ

の中ではヘルシー」と考える外国人は増えているかもしれません。
「たい焼き」も人気です。観光中にたい焼き屋を見つけ、焼いている様子を見たり、いい香りにつられて食べたくなる気持ちもうなずけます。焼きたては、皮が香ばしくてワッフルにもちょっと似ているので、外国人にも食べやすいのだと思います。

食べ歩きのお供は「団子」「まんじゅう」「抹茶アイスクリーム」

観光地を訪れると、通りにみやげ物を売る店や団子を売る店などがたくさん並んでいます。箱根などでは、熱々のまんじゅうを店頭で蒸して販売していたりするので、その場で食べてみたくなります。団子は串に刺してあるので食べやすく、並んだ形も可愛らしいですね。

その他で目立ったのは、抹茶やあずき、ごまなど、和テイストのアイスクリーム人気です。中には、金箔入りのソフトクリームを食べたという人もいました。抹茶味は、海外でも定着してきましたが、日本には本当にいろいろなフレーバーのソフトクリームがあります。わさび、しょうゆ、酒かすといった珍しいフレーバーは、地方ならではの味といえるかもしれません。各地を旅行しながらご当地フレーバーを味わうのは、楽しい旅の思い出になります。

それ以外にも、かき氷、クリームあんみつ、甘酒、茶道のお菓子など、季節や伝統を感じさせる和菓子を外国人が楽しんでいるのは、とても喜ばしいことだと思います。

◎日本を訪れた時、どんな和菓子を食べましたか？（複数回答可）

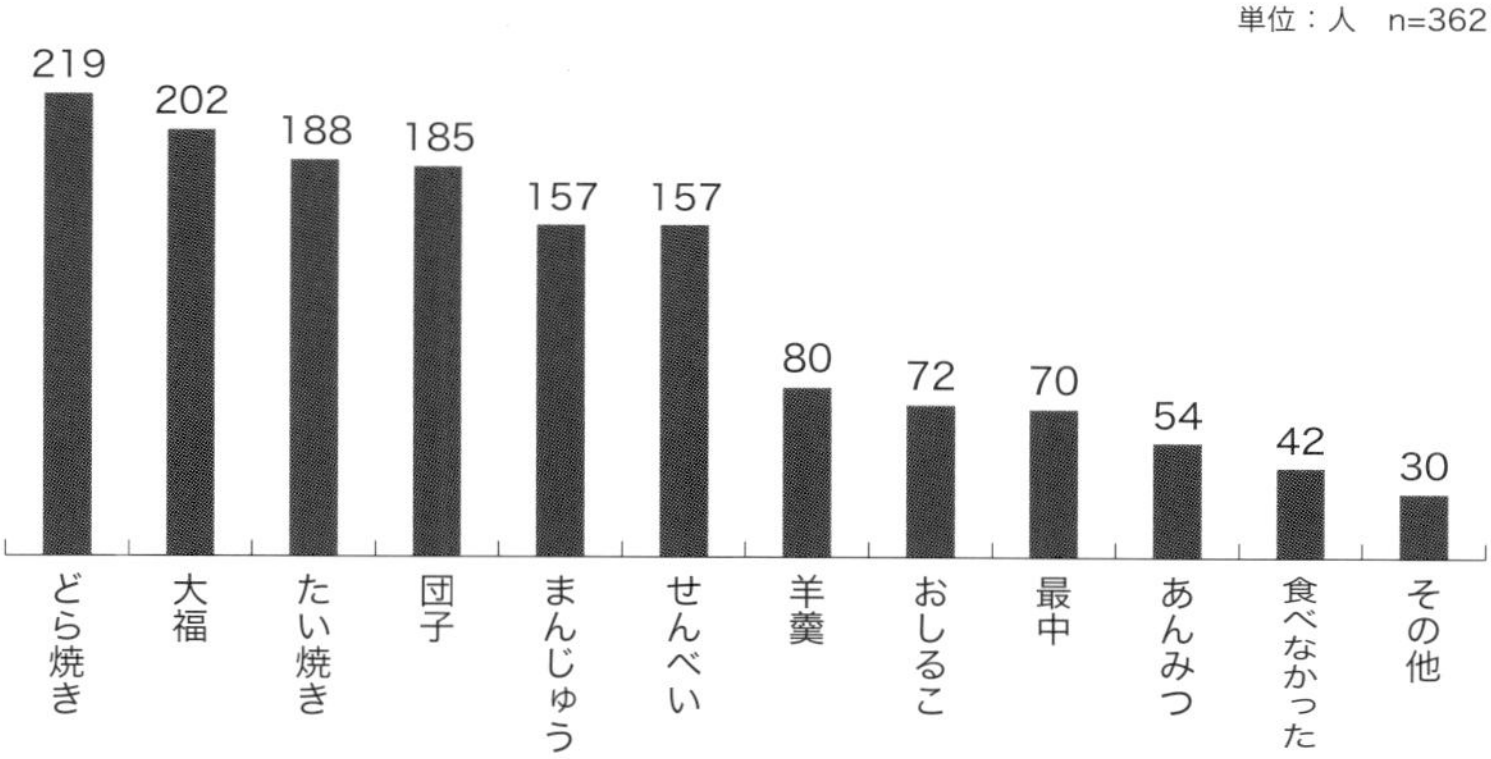

- 1位～6位は観光地の露店などでも気軽に食べられるため、羊羹などよりも認知されている可能性がある
- 「その他」の中で一番多かったのはもち系：おもち、桜餅、五平餅

「せんべい」はライスクラッカーとして海外でも知られている

せんべいは、昔から海外でもライスクラッカーとして知られています。当然ですが、日本にはいろいろな種類のせんべいがあって、外国人はビックリします。せんべいのように甘くないスナックを海外で挙げるとすれば、プレッツェルやポテトチップでしょうか。その味を知っている人なら、初めてでもせんべいは口に合うだろうと思います。

そういえば、以前ジャパンガイドに勤めていたカナダ人男性は、柿の種にハマってしまい、仕事中もパソコンに向かいながら柿の種をカリカリポリポリと食べ続けていました。

スナック菓子は、今や日本の食文化の一つ⁉

日本を訪れた多くの外国人が、スナック菓子を食べているようです。今や、スナック菓子も日本の食文化の一部といってもいいかもしれません。

世界共通の定番スナック菓子ともいえる、ポテトチップやチョコレートの日本ブランドを試した人が多くいましたが、具体名でひときわ目立っていたのは、ポッキーとキットカットです。

ポッキーは、インパクトの強い大箱入りの種類が豊富ですし、観光先で地域限定のポッキーなど珍しいフレーバーが見つかるので、自分用やおみやげ用に購入しているのでしょう。

キットカットは、一九三五年にイギリスで誕生したチョコレート。ですから、昔からその名前を知っていて、味のバリエーションに驚きながら手に取る欧米人は少なくないと思います。

コンビニで駄菓子やアイスキャンディーを買い食いするのも楽しみ

ほかにも、うまい棒、きなこチョコもち、ブラックサンダー、ばかうけ、ハイチュー、きのこの山、雪見だいふく、ガリガリ君など、名前を挙げていくとキリがありません。これほどまでに外国人観光客がスナック菓子を食べているのは、コンビニの影響が大きいといえるでしょう。

多くの街では宿泊場所の近くにコンビニがありますし、どのコンビニもスナック菓子を豊富

◎日本を訪れた時、スナック菓子を食べましたか？

n=563

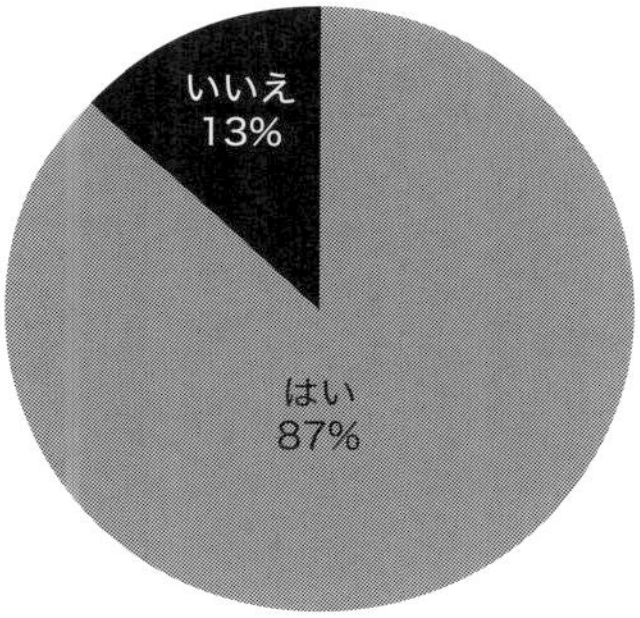

◎食べたスナック菓子は？

単位：人

ポッキー	60
ポテトチップス	40
チョコレート	35
キットカット	27
明治チョコレート	8

・食文化の一部として認識されているためか、87% がスナック菓子を食べたことがあるという結果に。中でもポッキーはポテトチップスの 1.5 倍の票を集め 1 位

に取り揃えています。言葉がわからなくてもパッケージを見れば中身は想像できますし、サイズが小さくて値段がリーズナブルなので、試しに食べてみたくなります。

日本ならではの「おつまみ」は奥が深いのに気軽に買える！

コンビニ、駅の売店、新幹線の車内……日本では、いろいろな場所でおつまみを買うことができます。最初、私はおつまみのコンセプトがよくわかりませんでした。ですが、新幹線の車内で日本人がビールなどと一緒に食べているのを見て、おつまみの楽しみ方を知り、食べる機会が増えました。私にとって新幹線は、おつまみの楽しみ方を学んだ場所でもあります。

海外でも枝豆はかなり知られ、ヘルシーなつまみとして人気ですが、外国でおつまみといえば、チップスやナチョス、ナッツぐらいです。ところが、日本には魚介類が原料のものなどたくさんの種類があり、選ぶ楽しさがあります。しかも、値段もそれほど高くありません。

そして、食べてみると本当においしい！　さきいかは初めて食べた時から好きでしたし、うずらの卵の燻製《くんせい》も気に入っています。チーたらも素晴らしい発明です。ただ、干し貝柱があまりにも高額だったことには、驚いてしまいました。

日本で飲んだアルコールは、ビール、日本酒、梅酒、焼酎。世界的に高評価の日本製ウイスキーも通に人気

日本のビールは外国人に好評。工場見学にも興味あり

外国人が日本滞在中に飲んだアルコールは、ビールと日本酒。それは予想通りでしたが、それに次いで、梅酒を飲んでいたのは予想外でした。

日本のビールは、ジャパンガイドのスタッフもみんな好きです。大手のビールはライトで飲みやすく、くせがないので、日本料理にもよく合います。あるスタッフは、日本のビールを飲むようになって、「のごどし」という言葉を覚えたほどです。

外国人観光客の日本ビール人気を裏付けるように、ビール工場見学の人気も高まっています。サッポロビール博物館は昔から有名ですが、キリンビールでも全国九カ所の工場で無料の見学ツアーを催行していて、試飲が可能です。外国人客が多い横浜工場では、英語と中国語の音声ガイドも用意されています。アサヒビールも、全国八カ所の工場で試飲無料の見学ツアーを行なっていて、英語・中国語・韓国語で紹介しているウェブサイトがあるほか、言語ガイド

付きツアーを電話で予約することができます。

発泡酒や第三のビールも、日本ならではの工夫ですね。ジャパンガイドのスタッフは、コンビニでビールと発泡酒の値段の違いを知り、日本に来た当初は安い発泡酒ばかり飲んでいたそうです。彼は今でも、「ビールテイストがほしい時はビール。安さを優先する時は発泡酒」と使い分けているそうです。

「とりあえずビール！」は日本らしくてよい？

日本の「とりあえずビール！」という習慣は、とてもユニークです。日本人は真面目でシャイでよく働く、というイメージを抱いていた外国人は、居酒屋で日本人が大きな声で「とりあえずビール！」と注文し、大ジョッキで乾杯して盛り上がっている姿を見ると、それまでのイメージがガラリと変わります。ジャパンガイドのスタッフは、「居酒屋に行くようになって、『普通ジャパン』と『居酒屋ジャパン』という二つの日本を知った」と言っています。

真面目に一日働いて、仕事の後に居酒屋に行き、「とりあえずビール！」と注文し、すぐに乾杯できるのは、悪くない習慣です。もしもビールが苦手だったら、乾杯だけして残りはビール好きの人に譲り、自分はあとから好きなドリンクをゆっくり注文すればいいのですから。

ジャパンガイドの女性スタッフも、「大勢で行くと、中には注文するのが遅い人がいる。メニューを見てあれこれ迷う人が出ると、すごく時間がかかってしまうので、『とりあえずビール!』と注文して、すぐに飲み始められるのは合理的」と賛同しています。

海外でも日本の「SAKE」はブームに

私が初めて日本酒を口にしたのは、留学先のカナダの日本食レストランです。それまで両親に「飲みたくないなら飲まなくていい」と言われていたので、スイスではアルコールを飲んだことがありませんでした。ですから、私が生まれて初めて口にした酒は、日本酒だったのです。

その後、ジャパンガイドの取材で日本全国を回るようになり、地元の料理を食べながら地酒を飲む機会が増えるにつれ、日本酒ごとに味の違いがあることを知りました。その土地の水と米から造られた地酒と、その土地の食べ物とは相性が素晴らしく、両方の味を高め合うということもわかりました。また、時には造り酒屋の取材をすることもあるのですが、造り手の想いを知ってから口に含むと、日本酒の味わいをよりいっそう深く感じられる気がします。

今も印象に残っているのは、福島県にある大七《だいしち》酒造です。一七五二年創業という歴史ある日本酒醸造所で、現在も昔ながらの酒造りをポリシーとしています。ですが、飲み方にはモダンなアレンジを取り入れています。お猪口の底には、日本酒の光沢や透明度を確認するための「蛇の目《じゃめ》」という青い二重丸が描かれていますが、大七酒造ではお猪口の代わりにワイングラスを使い、蛇の目を描いたコースターに載せて出してくれたのです。食事とのペアリングで日本酒を提供してくれたので、いろいろな種類を味わいながら、見た目や香り、味の違いなど、日本酒の幅広さを堪能することができました。

日本酒の輸出は年々増えていて、アジアやアメリカを中心にSAKEブームとなっていいます。ですから、「日本で、本場の日本料理と日本酒を味わいたい」と考える外国人の潜在需要は多いはずです。

「世界五大ウイスキー」に選ばれた日本の「余市」と「響」

日本製ウイスキーの評価は、近年世界的に高まっています。日本からのおみやげに、ジャパニーズウイスキーを買って帰る外国人観光客も少なくありません。サントリー山崎蒸溜所やニッカウヰスキーの余市《よいち》蒸溜所の見学コースでも、外国人を多く見かけるようになりました。

数年前スイスに帰省した時、幼なじみの友人から「サントリーの『山崎18年』をネットで購入しようと考えているんだけど、日本ではいくらぐらいで買えるの?」と聞かれ、海外での日本製ウイスキー人気をあらためて実感しました。

日本製ウイスキーの評価が高まったのは、イギリスの「ウイスキーマガジン」誌が二〇〇一年に行なったコンテストで、ニッカウヰスキーの「シングルカスク余市10年」が1位、サントリーの「響《ひびき》21年」が2位を獲得したことがきっかけです。その後も、日本製ウイスキーは海外の賞をいくつも受賞し、スコッチ、アイリッシュ、アメリカン、カナディアンに並ぶ世界五大

◎日本を訪れた時、（日本の）酒類を飲みましたか？

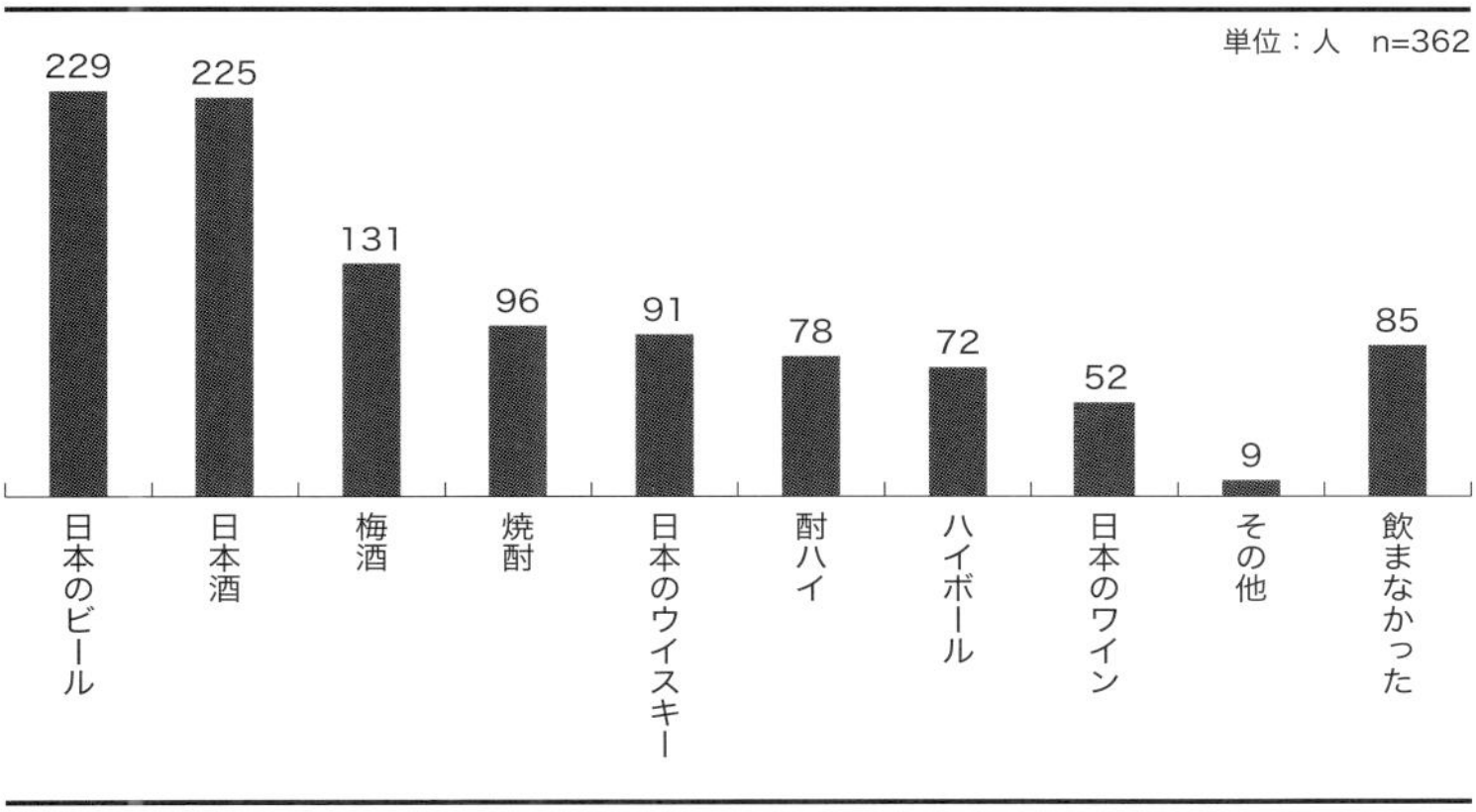

- 焼酎やウイスキーを抑え、梅酒が３位
- 「飲まなかった」は、回答母数が最も多かった影響からか、アメリカが１位。そのほか健康志向という要因も考えられる

ウイスキーに数えられるほど、高い評価を受けるようになりました。

ジャパンガイドのサーベイの結果では、滞在中に飲んだ人はビールや日本酒ほど多くはありませんでしたが、おみやげとして持ち帰った人は少なくないのではないでしょうか。

テレビCMの影響なのか、日本ではハイボールがブームです。ですが、海外では高価なウイスキーを炭酸や氷で割って飲むことはしないので、それを知ったら外国人は驚くことでしょう。

電車内や屋外での飲酒は、楽しみの一つ

日本では、駅の売店やコンビニで手軽にアルコール類を買うことができます。屋外など公共の場でアルコール類を飲むことが禁止されてい

る国もあるので、日本を訪れたら、お花見や祭り、花火、ビーチや公園でのピクニック、そして移動中の新幹線内などでお酒を飲むことを楽しみにしている外国人もいるかもしれません。最近は、渋谷のハロウィンや花見の名所などで一部の人たちのマナーの悪さがニュースになっています。こうした悪評判から屋外での飲酒が規制されてしまうのは、いろいろな意味で残念です。

料理、酒、会話……外国人は「居酒屋」で普段着の日本を満喫したい

居酒屋抜きで、日本を語ることはできません。真面目で物静か。そして、礼儀正しい……これが日本に来る前の私が抱いていた日本人に対するイメージでした。その印象は、日本に来て居酒屋を経験したことで一変しました。日本人は、お酒を飲むとオープンになりますね。陽気になって盛り上がり、よくしゃべるようになります。

居酒屋は、初めて行った時からとても居心地がよくて、私の好きな場所になりました。ワイワイとカジュアルに食事ができて、お酒も飲める日本の居酒屋は本当に楽しいです。

日本を訪れて印象に残っていることに、居酒屋体験を挙げる外国人は少なくありません。居酒屋の魅力は、メニューが豊富で仲間とシェアできること。いろいろな料理を気軽に試すことができるのもワクワクします。壁に貼ってあるメニューを読むのは難しいですが、写真付きメニューや英語版メニューがある居酒屋もあるので、日本語ができなくても何とかなります。

居酒屋には外国人も抵抗なく食べられるフライドチキンもあれば、日本食の定番の刺身もあります。ほかにもユニークなおつまみが豊富なので、日本の味にチャレンジするには絶好の場です。ちなみに、ジャパンガイドのスタッフが、初めて食べて驚いたのは「タコわさ」。運ばれてきた時は「何だコレ⁉」という印象でしたが、食べてみたらおいしかったそうです。

居酒屋で外国人が戸惑うとしたら、「お通し」のシステムでしょう。アメリカから来たジャパンガイドのスタッフの友人は、「枝豆や野菜類、イカ、コンビニのおでんのような料理が小鉢で出てくる」と居酒屋のお通しにビックリしていたそうです。注文もしてもいないのに勝手に出てくるので、中にはチャージされていないと思っている外国人もいると思います。個人的には、有料でもおいしければOK、口に合わない時は正直うれしくありません。

もう一つ、外国人にとって居酒屋が忘れられない体験となる理由に、日本人との交流があります。普段は堅苦しい日本人が、お酒が入るとフレンドリーになり、話しかけてくれることがあるからです。地元の人たちとの交流は外国人にとってはうれしいハプニングであり、旅のハイライトともいえる出来事となります。居酒屋は、本当に日本らしいすてきな文化です。

九割以上の人がおみやげを購入。伝統工芸品、お菓子、日用雑貨、ファストファッションや古着も注目の的

その土地の歴史や自然が育んだ「工芸品」が一番人気

日本を訪れた外国人観光客は、ほとんどの人が友人や家族、自分用などにおみやげを購入しています。おみやげの中で多いのが、伝統工芸品です。どんな伝統工芸品なのか、今回のサーベイの結果からは詳細まではわかりませんでしたが、一般的には陶磁器や着物、扇子やうちわなどが人気です。

伝統工芸品の魅力は、その土地の材料を使って造られているものが多いこと。地域の歴史や自然環境が育んできたものであることを知ると、いっそう愛着が湧きます。

地方の工房を訪れて購入したという人もいましたが、多くの外国人は観光先のみやげ物屋で購入しているようです。私自身も最初に日本を旅行した時は、浅草の仲見世通りで浴衣を買いました。鎌倉の長谷寺で小さいお地蔵さまを見て感激し、お地蔵さまのメーカーを探してインターネットで注文し、両親へのクリスマスプレゼントに持ち帰ったこともあります。妹が来日

◎おみやげに何を購入しましたか？（複数回答可）

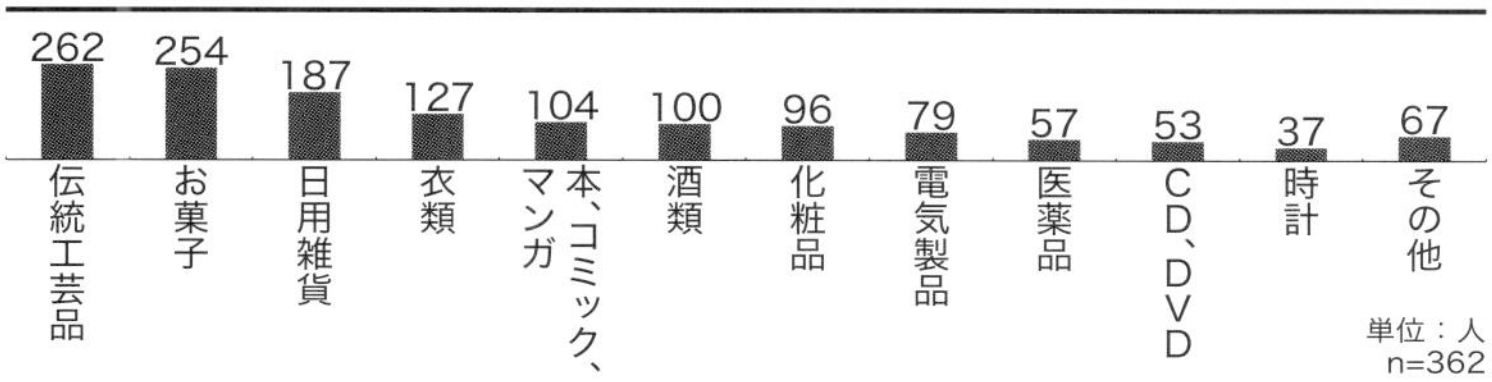

◎どこでおみやげを買いましたか？（複数回答可）

• 購入場所の「その他」で一番多かったのは神社と寺。購入した物の「その他」にも、お守りが3票入っていた

した時は、一〇〇円ショップでラーメン用の丼や扇子などの安価なおみやげを買っていました。南部鉄器や漆の器、焼き物などの高価な工芸品を購入する人もいます。

工芸品に次いで選ばれているのが、お菓子です。これは、ちょっとしたおみやげとして大量に買っているのだろうと想像できます。

次に人気が高いのは日用品。すぐに思い浮かぶのは、包丁などの刃物です。日本の刃物は日本刀のイメージがありますし、実際によく切れるので人気が高く、合羽橋《かっぱばし》の道具街でも包丁の専門店はいつも外国人で賑わっています。以前、スイスにいる父に日本製のカバー付きの爪切りをプレゼントしたところ、「よく切れるし、爪が飛び散らないからすごく便利だ」ととても喜んでくれました。技術だけでなく、使いやすさにも工夫があることも、日本製品が喜ばれる点だと思います。

便利で可愛い日本の「文房具」をロフトやハンズでおみやげに

日本の文房具は、本当に優れたものが多いですね。父にプレゼントした爪切りと同様、細かいところまで考えられていて、使いやすくできています。そういうわけで、海外でも日本の文房具は人気が高く、値段もリーズナブルなので、おみやげにする人は多いようです。

日本の文房具で特に驚くのは、進化のスピードです。「これはカンペキ！」と思って日本製の文房具を使っていると、翌年にはもっと便利な製品が発売されます。常にベターを追究しているのです。ほかの国では、こんなにすぐに改良され、進化していくことはないと思います。

インクで書いた文字が消せるフリクション、針を使わないホチキス、ポップなステッカーなど、日本の文房具は便利なものや可愛らしいものであふれています。見ているだけでワクワクする東急ハンズやロフトなどは、文房具や雑貨好きな外国人にとってはワンダーランドです。

マニアックな人気アイテムなら「お守り」と「御朱印帳」

ジャパンガイドのサーベイでは、おみやげについてフリーコメントも募りましたが、そこで見かけた意外なおみやげが、お守りと御朱印帳です。なかには、絵馬という回答もありました。本来の意味をどこまで理解しているのかはわかりませんが、見た目に美しいことは確かですし、御朱印帳は日本でもブームになっています。かなりマニアックなおみやげですが、寺や神社を訪れた記念にコレクションしているリピーターもいるのでしょう。

そのほか、海苔や緑茶、塩やゆず胡椒など、日本の食材や調味料などを買って帰る人も増えています。きっと、日本滞在中に食べてそのおいしさを知り、おみやげにしたのでしょう。

購入先は「みやげ物屋」と「デパート」。意外な穴場「ブックオフ」

観光先でみやげ物屋をのぞいていると、ついつい財布のひもは緩くなります。そういうわけで、みやげ物屋でおみやげを購入する人が多いのはうなずけます。そして、「もっといろいろな商品を見たい」と考える人は、デパートに行くようです。日本のデパートは信頼感がありますし、品揃えも豊富です。タックスフリーの手続きもできるので、外国人にはとても便利です。

日本人もよく利用している一〇〇円ショップは、外国人も大好きです。海外にも一ドルショップなど同種のお店がありますが、品質も品揃えも日本とは比べものになりません。一〇〇円ショップで見栄えのよいものを探せば、立派なおみやげになります。

サーベイではユニクロやダイソー、ドン・キホーテ、東急ハンズなどで購入したという人が複数見られましたが、挙がった店名の中で意外だったのがブックオフ。CDやゲーム、デジタル家電や洋服、おもちゃなどの中古品が安い値段で買えるので、掘り出し物が見つかる穴場として外国人にも知られつつあるようです。

駅のホームや旅の途中でお世話になる「自動販売機」

日本には街のあちこちに自動販売機があるので、とても助かります。ジャパンガイドの記事でも、「日本では自動販売機でどんなものを売っているのか」を特集したことがあります。実際、多くの外国人観光客が自動販売機を利用していて、中でも多いのはソフトドリンクの購入です。駅のホームにも設置されているので、旅行中に利用する機会が増えるのでしょう。

日本の自動販売機で驚くことが二つあります。一つは、マシンが盗まれたり壊されたりしないこと。海外なら、いたずら書きをされたり、ガラスを割られたり、自販機ごと盗まれたりしそうですが、日本では比較的少ないです。日本がどれほど安全な国であるかが、自動販売機の状態からもわかります。

もう一つは、販売商品のバリエーションが豊富なこと。温かいコーンスープ、アイスクリーム、カップラーメンなど、最初に見た時は驚きました。最近は、挽きたてのフレッシュコーヒーが飲める自動販売機も登場していて、そのコーヒーのおいしさにもまた驚きました。

私の自動販売機の思い出は、初めて日本に来た一九九五年です。新大阪駅にあったたこ焼きの自動販売機が珍しくて買ってみると、一分ほどで熱々のタコ焼きが出てきたのです。大いに感激しましたが、あまりにも熱すぎて、味はよくわかりませんでした。

第4章

日本でどこに泊まった？
せっかくならどんなところに泊まりたい？

旅館、ホテル、ビジネスホテル……
外国人が好む宿泊施設は？

観光庁の「二〇一八年宿泊旅行統計調査」によると、延べ宿泊者数（全体）約五億三八〇〇万人泊のうち、外国人の延べ宿泊者数は約九四二八万人泊。これは前年比一八・三％アップとなっています。泊まった施設のタイプは、シティホテル、ビジネスホテル、リゾートホテル、旅館の順。こちらは日本人も含めたデータなので、外国人宿泊客だけの順位とは少し異なるかもしれません。

「ジャパンガイド」で行なった宿泊施設に関するサーベイは、観光庁とは質問が少し違い、「日本の宿泊施設で好きなタイプは何ですか？」というものでした。結果は、旅館、一般的なホテル、民泊の順で、カプセルホテル、ビジネスホテル、ホステル、宿坊、夜行バス、民宿と続きます。外国人旅行者にとっては、旅館に泊まること自体が、日本の文化を体験できる観光アクティビティのような感覚なのだと思います。一部の民泊や宿坊、民宿も、日本発祥のカプセルホテルも同様です。

近年では、古民家を宿泊施設に再生し、地元の食材を使うレストランもオープンして、〝村全体が一つのホテル〟というコンセプトでプロジェクトを立ち上げた地方の村や町も登場しています。外国人が好みそうな宿泊スタイルで、地元にとっても外国人観光客にとってもｗｉｎ－ｗｉｎの、とても魅力的な取り組みだと思います。

ヨーロッパは旅館志向、北米はホテル志向、アジアはコスト志向？

日本を体験できる「旅館」、「一般的なホテル」に次いで「民泊」も

一〇年ぐらい前、日本では宿泊施設不足が深刻でした。桜や紅葉の時期になると京都に取材旅行に行くのですが、部屋がまったく見つからず、姫路に泊まって京都まで取材に出かけたこともありました。その後、観光地を中心にホテルが増え、一昨年あたりからは京都駅や新大阪駅周辺でも問題なく宿泊できるようになり、ほっとしました。

私自身のことを言えば、若い頃はコストを最重視していましたが、今は便利な立地にあるかどうかを重視して宿を選んでいます。ほかの国では、安全なエリアにあるかどうかも気にかけますが、日本の場合はその心配はほぼありません。

「ジャパンガイド」のサイトで、「日本の宿泊施設で好きなタイプ」についてアンケートを行なった結果は、1位が旅館、2位が一般的なホテル、3位が民泊となりました（二〇一九年四月時点）。この結果は、ほぼ予想通りといえます。

さらに詳しく国別で見てみると、アメリカとカナダ、オーストラリアは1位がホテルで2位が旅館。イギリスとドイツは、1位が旅館で2位がホテル。シンガポールは、1位が民泊で2位が旅館。タイは、1位がビジネスホテルで2位がホテルという結果でした。ヨーロッパの人は旅館志向、北米はホテル志向、アジアはコスト志向といった傾向が見えてきます。

「旅館」に期待し望むことは「日本文化のフル体験」

旅館の人気が高い理由は、泊まることで日本の文化をフルに味わえるからです。浴衣を着る、和室で布団に寝る、日本の風呂に入る、和食を食べる、そして日本流のおもてなしを受ける……どれも日本ならではのユニークな体験です。

一部屋の和室がリビングになり、ダイニングになり、ベッドルームとしても使うという日本独特の生活様式も、外国人にはとても興味深いですし、仲居さんが部屋に来てお茶をいれてくれ、和菓子をすすめてくれるおもてなしも、日本ならではのサービスです。味の好みはあるかもしれませんが、見た目に美しい料理にも、外国人は感激します。

とはいえ、日本の旅館は一泊二食付きが一般的なので、金額的負担が大きくなりがちです。そこで、ジャパンガイドでは「一回の旅で旅館に一、二泊する」ことを提案しています。

連泊する場合は、素泊まりのオプションがある旅館を選ぶという方法もありますし、探せば食事なしの安い旅館も見つかりますので、和室に泊まって日本の風呂に入るという日本旅館の

◎日本の宿泊施設で好きなタイプは？

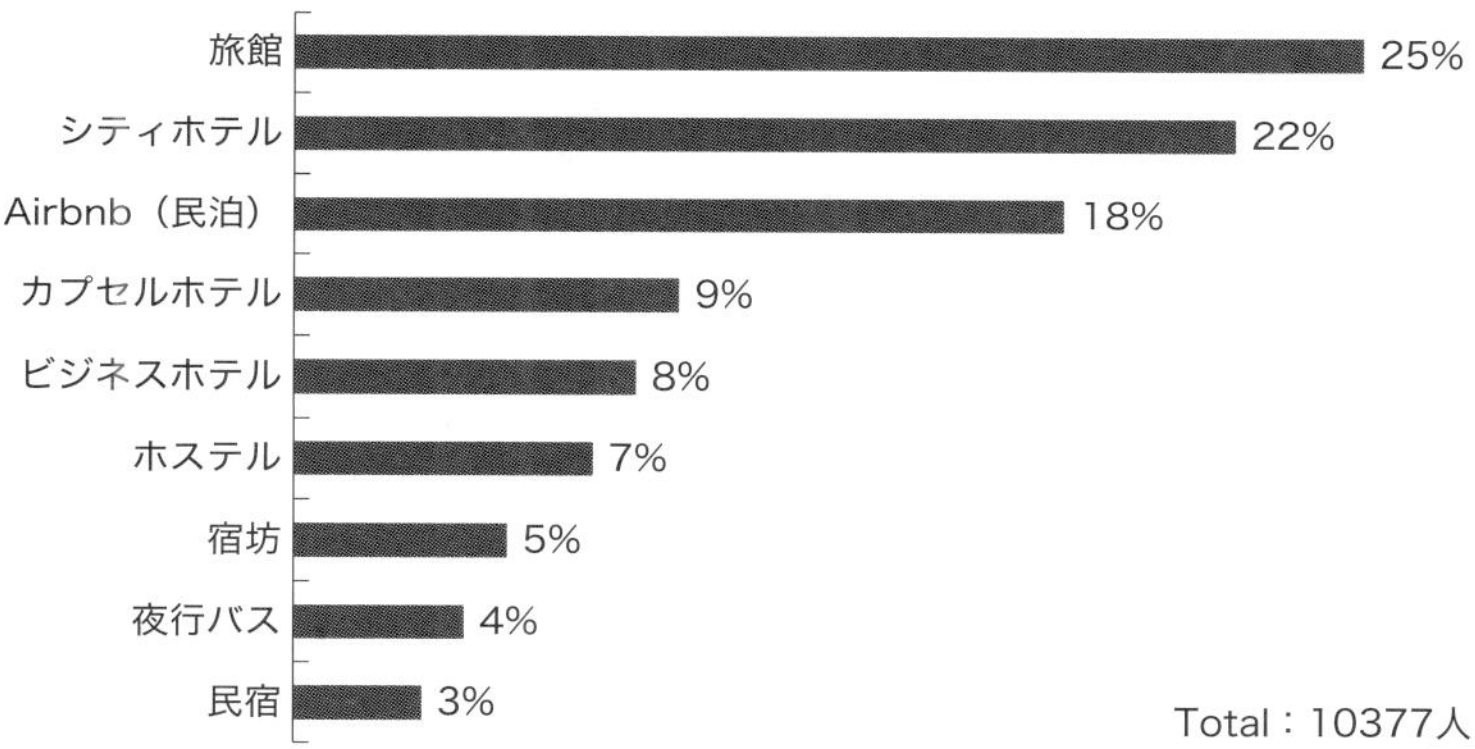

- 1位の旅館（2,603人）、2位のシティホテル（2,276人）、3位の民泊（1,902人）が、ほかを大きく引き離した
- Airbnb（エアービーアンドビー／民泊）は、旅行者が現地のホストから部屋を借りるシステム

雰囲気を、食事なしで味わうことができます。いずれにしても、一泊二食付きの旅館フル体験は、間違いなく日本での素晴らしい思い出になると思います。

体験よりもリラックスを重視する外国人は「ホテル」を選ぶ

日本には、ヒルトンやマリオット、シェラトンなどの世界的チェーンホテルをはじめ、ルートインホテルズやＡＰＡホテルなど、全国に展開している日本のチェーンホテルなどもたくさんあります。ラグジュアリーからエコノミーまで、ホテルクラスの選択肢も豊富です。

外国人観光客の中には、宿はただ寝に帰る場所であり、宿に日本文化の体験を求めていない人も少なくありません。そういう人たちにとっては、慣れ親しんだ西洋スタイルのホテルのほうがリラックスできますし、食事の自由度も高いので、支持されているのだと思います。それに、こうした西洋的なホテルなら、言葉の問題をクリアしやすい点もポイントでしょう。

ファミリーやグループ旅行では便利な「民泊」利用者も増えている

Airbnb（エアビーアンドビー）の登場によって、急速に広まってきたのが民泊です。私自身は民泊を利用したことはありませんが、子供がいるファミリー旅行者には、ホテルを二部屋借りるよりも割安になりますし、キッチンで料理を作れるので、利用しやすいといえるでしょう。グループ旅行者も、ベッド数の多い宿泊先を選べば割安で泊まれるのが利点です。

民泊は、建物のタイプもさまざまです。普通のアパートもあれば、モダンでおしゃれな部屋もありますし、京都の町家や以前は旅館だった建物など、特別な空間を選ぶこともできます。予算も、一泊一人三〇〇〇円から一軒一泊一〇万円以上までさまざまです。

日本政府も民泊サービス普及のために法整備を行なっていますし、世の中の認知度もアップしていますから、今後ますます民泊の利用者は増えていくと思います。

「ビジネスホテル」は料金と立地のよさが魅力

初めてビジネスホテルの部屋に入った時、その狭さに少々驚きました。ですが、必要な備品は揃っていますし、室内にないアメニティはフロントでもらえるなど、想像以上にサービスが整っていて快適でした。部屋のつくりはシンプルですが、テレビもあって、寝るだけが目的なら文句なしの宿泊施設です。ですから、外国人観光客の支持を得ているのもうなずけます。チェーンのビジネスホテルなら安心感もありますし、駅の近くなど便利な場所に多いのも利点です。朝食ブッフェには和食と洋食の両方が並び、コスパのよい宿泊先だと思います。

そして何より、長旅をする外国人観光客にうれしいのがコインランドリーです。一般的なホテルでランドリーを頼むと高額になりますが、コインランドリーなら自分で洗濯できるので、とても経済的。衣類を洗濯してサッパリして、気持ちよく旅を続けることができます。

「カプセルホテル」でユニークな日本文化を体験したい旅行者も

ビジネスホテルと並んで支持されているカプセルホテルは、日本が発祥といわれています。そのユニークなホテルコンセプトは世界に知られていて、ジャパンガイドで行なったサーベイの中でも、日本を訪れたらやってみたい体験に、「カプセルホテルに泊まること」を挙げている人がいました。カプセルホテルに泊まることは、日本文化の体験の一つでもあるのです。

カプセルホテルに泊まったジャパンガイドのスタッフによると、「テレビも付いているし、泊まるだけならまったく問題ない」とのこと。予約することもできますが、ウォークインで気軽に宿泊できますし、サウナや大浴場が付いているカプセルホテルも多いので、ビジネスホテルとは違う体験もできそうです。一泊三〇〇〇円くらいからという料金は、専有空間を考えると安くないように思えますが、繁華街などにあるという便利な立地を考えれば、充分リーズナブルです。

スタイリッシュに進化した「ホステル」は出会いを求めるニーズに合致

ホステルは、オプションで個室を選べる施設もありますが、二段ベッドが並ぶ部屋で知らない人と同じ部屋に寝るのが一般的です。若い頃は、私もユースホステルによく泊まりました。当時のホステルは、バジェット（低予算）で選ばれていましたが、近年はスタイリッシュなホステルが続々誕生し、カッコよさという選択肢も増えてきたのはいいですね。「ホステルワールド」などの専門サイトから、ホステルを比較して予約することもできるようになりました。

最大の楽しみは、ほかの旅行者と出会う機会が増えること。いろいろな国から来た旅行者とおしゃべりしたり、旅の情報交換をしたり、気が合えば一緒にどこかに出かけたりと、一人旅の旅行者には旅先で友達をつくる絶好のチャンスになることでしょう。

非日常感と神秘性を味わえる「宿坊」人気はさらに高まりそう

寺や神社に宿泊し、少しだけお坊さん生活を体験できる宿坊《しゅくぼう》は、外国人にとても人気です。仏教にあまり興味がなくても、非日常の時間を過ごすことは、忘れられない経験になります。寝泊まりするのは、旅館にも似た伝統的な建物内の質素な和室。風呂やトイレ、洗面台は共

外国語で法話を聞ける宿坊もあります

同という宿坊もあれば、バス・トイレ付きの個室、ベッドが用意されている宿坊もあります。食事は精進料理ですが、懐石風の凝った料理が提供され、お酒が飲めるような旅館風の宿坊もあれば、質素な料理を無言で黙々と食べる本格的な修行のような宿坊もあります。

多くの宿坊では朝のおつとめに参加することができ、宗派によっては瞑想を体験できる宿坊もあります。朝のおつとめで耳にする読経の声や鈴の音、火をたく護摩の様子や立ち上る芳香……宿坊に泊まることは、神社仏閣の観光では得られないディープな体験となります。

数ある宿坊の中でも外国人に人気が高いのは、和歌山県・高野山《こうやさん》にある宿坊です。人里離れた山の中に、高野山真言宗総本山金剛峯寺《こんごうぶじ》を中心とした一〇〇以上の寺があり、五〇以上の寺に宿泊することができます。ここは日本仏教の聖地。ケーブルカーに乗るなどしないと簡単には辿り着けないロケーションにあることも神秘性を感じさせます。

英語を話せる僧侶がいる寺もあり、宿泊者の半分以上が外国人ということもあるほど人気です。英語が話せる僧侶に応対してもらえれば気軽に質問できますし、説明もわかりやすいからでしょう。

ここ五年ぐらいで、ホテルのブッキングサイトから予約可能な宿坊も増えてきたので、外国人のニーズはさらに高まっていくでしょう。やや残念なのは、一部の外国人観光客が普通の旅館やホテルに泊まるような感覚で宿泊し、「サービスがない」と文句を言っていること。「宿坊はお寺に泊まらせていただくのだ」ときちんと認識したうえで利用する外国人が増えるよう、私たちも努力しています。

移動と宿泊を兼ねた究極の節約を狙うなら「夜行バス」泊

さらなるバジェットを求める旅行者が活用しているのが、夜行バスです。これなら、宿泊費と移動費を兼ねた、究極の節約が可能になります。

それにしても、最近の夜行バスの進化には目を見張るばかりです。ゆったりと並ぶ三列シート、リクライニングやレッグレスト、カーテンの仕切り、Ｗｉ－Ｆｉや電源コンセントなど、快適な設備が揃っています。そして、路線もこの二〇年でみるみる充実していきました。

二〇一〇年には、ウィラー・エクスプレスが訪日外国人旅行者向けに高速バス乗り放題の「ジャパン・バス・パス」の販売をスタートしたこともあり、外国人のバス利用者は急激に増えています。これまでは、日本全国を旅する手段は列車が主流でしたが、そこにバスやレンタカーというオプションが増えてきたことは、外国人旅行者にとってひじょうにうれしいことです。

外国人に認知されていない「民宿」はまだまだのびしろあり

民宿を利用する外国人はまだまだ少ないですが、その理由は、民宿の存在やコンセプトが外国人に浸透していないからです。

ですが、民家に泊まってオーナーやその家族など地元の人たちと交流することは、外国人観光客がやってみたい体験の一つ。しかも、食事も付いていて、料金が良心的なのも魅力です。

外国人利用客が少ない最大の理由は、海外から予約するのが難しいこと。民宿は家族経営だったり、英語のウェブサイトを持っていないケースが多いからです。今や、ホテルはもちろんホステルや民泊も、インターネットで外国語で予約できる時代です。その波に乗っていない民宿は、外国人が宿泊先として検討するオプションから外れてしまったのです。

また、言葉の壁もあると思います。仮に英語で予約できたとしても、オーナーかスタッフが英語などの外国語を話せないと、日本語で接客せざるを得ないので、民宿側としても不安でしょう。こうした課題を解決することができれば、民宿は素晴らしい可能性を秘めていると思います。

一方で、宿泊する外国人も民宿について正しい知識を持っておく必要があります。部屋は、畳とテーブルのみの質素なつくり。風呂やトイレは共同という民宿もありますし、食事の選択肢もありません。ホテル並みの設備やサービスを民宿に望むのは、間違った期待なのです。

先日、富山県・五箇山の相倉《あいのくら》で合掌造りの民宿に泊まったのですが、フランス人観光客が「日本の朝食は嫌い。カフェオレはないのか」と言っているのを見てガッカリしました。

私が今までに宿泊した民宿の中で最も印象的だったのは、実はその相倉と白川郷の民宿です。合掌造りの古民家に泊まり、ほかの宿泊客と一緒に囲炉裏《いろり》を囲んで、郷土料理や飛驒牛の夕食を楽しみました。古民家といってもトイレは水洗、風呂も洗面所も新しくて快適でした。そして何より、宿泊していると観光客の少ない夜や早朝に散策できるので、世界遺産の五箇山や白川郷をゆっくり楽しむことができて、とても豊かな気持ちになりました。

数ある民宿の中でも、特に古民家に泊まりたい外国人が増えています。五箇山観光公式サイトでは英語で、白川郷観光協会のサイトでは英語と中国語で、それぞれ予約できるようになっていますが、多くの地域で同じように予約システムが充実していけば、外国人宿泊客はますます増えていくでしょう。

古民家を再生した宿の、囲炉裏を囲んで談笑。京都・美山町にて

「田舎や日本家屋に滞在したい」外国人の需要は増えるはず

田舎や日本家屋などに滞在する体験は、今後さらに人気が出るだろうと予想しています。田舎の小さな村の古民家を利用した宿や一般家庭に数泊し、畑の作物を一緒に収穫したり、買い物に同行したり、郷土料理を教えてもらったり、温泉に行ったりして、普通の人たちの素朴な生活を体験することは、外国人にとってはとても興味深い経験となるからです。

地元の人たちと触れあい、文化を知る機会が増えるこうした体験は、外国人観光客にとってだけでなく、そこに暮らす日本人にとっても好ましいことではないでしょうか。

私の母国スイスでも人口が減少し、山間の小さな村は若者が減って問題になっていますが、観光産業のおかげで、若い人が村に戻りつつあります。日本でも過疎化や空き家問題が深刻化していますが、田舎体験などの促進によって、多少なりとも改善が望めるような気がします。

建物に刻まれた歴史がユニークな「監獄ホテル」に期待

ユニークな体験という点では、たとえば奈良県にある旧奈良少年刑務所（奈良監獄）の建物を利用して開業する予定の「監獄ホテル」があります。

明治時代に建設され、二〇一七年まで実際に少年刑務所として利用されていたという赤レンガ造りの建物は、刑務所とは思えない美しさと風格が漂い、国の重要文化財にも指定されています。内部はホテル仕様に改装されるそうですが、客室は刑務所の独房や雑居房だった空間です。二〇二一年の開業を目指しているそうです。

日本の宿の「強み」は、やはりサービスのよさ

日本の宿に滞在していると感じるのが、スタッフのサービスレベルの高さです。いつもにこやかで応対が丁寧で、「どうしたら相手に喜んでもらえるか」「どうしたらもっと良くできるか」を常に考えているように感じます。世界中のホテルサービスを知っているわけではありませんが、日本のサービスのスタンダードは高くて、安心できます。

スイスのホテルにチェックインすると、客が来ても反応しないスタッフや、自分の不機嫌さ

を顔に出して接客しているスタッフが目について、本当にガッカリします。その点、日本のスタッフは常に細かいところにまで気を配り、とても一生懸命な感じが伝わってきて、好感が持てます。最近はちょっと使い古されている言葉ですが、「おもてなし」という言葉は、本当に日本のホスピタリティーを言い当てていると思います。

ジャパンガイドのフランス人スタッフの家族が日本に旅行に来た際も、家族は「ホテルのスタッフが、私たちの名前をすぐに覚えてくれた」と感激していたそうです。

改善ポイントは、一人客への対応と言葉の壁

私が、日本各地を旅していて残念に思うことは、日本人外国人を問わず、旅館が一人で宿泊する客を避ける傾向にあることです。最近は、一人旅のニーズが増えてきたこともあって、一人でも泊まれる旅館が増えつつありますが、例えばグループで泊まりに行って、その中の一人だけ個室にしたいなどの要望にフレキシブルに対応してくれない宿があるのは残念です。

改善ポイントのもう一つは、外国語です。もしもスタッフの言葉の問題で、日本の宿のおもてなしの心が外国人宿泊客にきちんと伝わらないのだとしたら、とても残念なことです。近年は、スタッフに語学トレーニングをしたり、外国人スタッフを採用している宿も増えていますが、サーベイにもあるように、言葉の壁はいちばん問題となる点です。せっかく素晴らしいサービスを提供しているのに、言葉が不充分なことで外国人宿泊客に伝わらないのは、残念な

ことです。特に小さな宿では、完璧に話せるスタッフを置くのはまず無理なことでしょう。しかし、工夫で補うことができます。

工夫の一つは、宿の案内や注意事項などを外国語で書いたものを用意しておくこと。もう一つは、館内の案内板などを外国語でも作っておくこと。そしてもう一つは、できれば外国語ができるスタッフを増やしていくことです。外国人宿泊客の満足度を高めるとしたら、まずこのようなことから始めていけると思います。

第5章

訪日客が日本で「うれしかったこと」「心に残ったこと」、「とまどったこと」

「また来たい」を支える
ジャパン・ホスピタリティー

観光庁の「二〇一八年訪日外国人消費動向調査」によると、訪日旅行全体の満足度は「大変満足」が五三・四%、「満足」四〇・三%という結果です。同じように「ジャパンガイド」のサーベイでも、約八割が日本に好印象を抱いていることがわかりました。どちらのサーベイからも、日本に対する満足度の高さがうかがえるのは、とてもうれしい結果です。日本への再訪意向についても、観光庁の調査では、「必ず来たい」が五九・一%、「来たい」が三五・〇%となっています。

一方で、カードを使えない不便さ、外国人にとっては複雑な交通機関などの不満も、観光庁の同調査やジャパンガイドの調査結果に表れています。

この章の最後に、ジャパンガイドのサーベイに寄せられたフリーコメントを交えて、日本での印象について紹介しています。これは、観光庁のデータにはない、ジャパンガイドならではの〝リアルな声〟といえるでしょう。

日本を旅行した外国人が、実際に経験した「うれしかったこと」や「不便に感じたこと」は、日本の皆さんの目にはどう映るのでしょうか？　「へぇ〜」と意外に感じますか？　それとも「やっぱり」と納得ですか？

日本の印象を語るキーワードは、「親切」「フレンドリー」、そして「困っていると助けてくれる」

日本人とのコミュニケーションは良い思い出に？

「ジャパンガイド」が行なったサーベイでは、「日本を訪れた時、現地の人とのコミュニケーションなどで印象に残っていることがありますか？」という質問を用意しました。この問いに、約八割の人たちが「はい」と答えています。これは、日本に対して好印象を持って帰国した人が多いということ。とてもうれしい結果です。

印象に残ったエピソードがたくさん届きましたが、キーワードとして見えてきたのが「Kind（親切・やさしい）」「Friendly（フレンドリー・親しみやすい）」「Helpful（助けてくれる）」でした。

日本人は、喜怒哀楽をあまり表に出さないので、最初はちょっと不愛想な印象を受けますが、本当はシャイなだけ。遠慮がちに会話が始まると、みるみる親しみやすくなっていきます。「最初はよそよそしく見えるけれど、実はフレンドリーで親切」という日本人気質は、スイス人とも似ているので、私にはよく理解できます。

一方で、ジャパンガイドには「日本人は冷たい」という意見も届いています。それは、語学に自信のない日本人が多いので、「英語で何か聞かれたら困る」と逃げてしまう人がいるからでしょう。ですが、私は一人旅をしていて、居酒屋で隣り合わせた家族や露天風呂で一緒になった人たちに話しかけられ、楽しい時間を過ごした経験が何度もあります。

それでは、日本の印象を訊いたこの質問のフリーアンサーで、私が注目したコメントをいくつかご紹介しましょう。

道に迷っていると、日本人はすぐに助けてくれる

「富士宮《ふじのみや》では、バスの運転手が地図を描いてくれた。東京では、私たちが迷子になったのではないかと心配した男性が、宿泊先のアパートを探すのを手伝ってくれた」（ドイツ、男性、30代）

「京都で、夫が日本語で一保堂《いっぽうどう》茶舗への道順を尋ねたが、わからない人ばかりだった。すると、ある男性が私たちの代わりに道がわかる人を探して、道を訊いてくれた。こんな親切心やホスピタリティーは日本では当たり前なのかもしれないが、アメリカとはまったく違う」（アメリカ、女性、40代）

「列車の乗り換えがわからず、ある男性に何番線のホームに行けばいいのか尋ねたが、彼は英語が話せず、私は日本語がわからなかった。すると、彼は私たちをホームまで連れて行ってくれた。彼の予想外の優しさに本当に感謝している」（シンガポール、男性、60代）

「英語が話せない地元の人との間に入って、地元の人が通訳してくれた」（タイ、男性、30代）

その場で教えてくれるだけでなく、付いてきて一緒に探してくれたり、通訳をしてくれたりと、一生懸命助ける努力をしてくれるところが、本当に日本人らしいですね。きっと、他人に対する敬意を持っているからでしょう。そして、日本人は「何とかして助けてあげなくては」という責任感が強いのだと思います。

シャイだけどフレンドリー。そしてもてなし好き⁉

「親切な女性が私たちを自宅に招いて、お茶とミカンを振る舞ってくれた。見ず知らずの人だったが、とても思い出深い経験となった」（アメリカ、女性、60代）

「レストランで夕食を食べていたら、親切なお客が私たちにご馳走してくれた」（オーストラリア、女性、70代）

「食料品店などで困っていると、誰かがすぐ助けてくれる。愛媛では、たくさんのミカンを無料でもらった。ビールフェスティバルでは、知らない人と友達になり、一緒にカラオケに行った」（アメリカ、女性、20代）

日本人はシャイですが、フレンドリーでもてなし好きだと感じている外国人は多いようです。私自身も、知らない人に食べ物を分けてもらったり、祭りで隣り合わせた人にビールをもらったり、居酒屋でご馳走してもらったりした経験があります。

一六年前に一人旅をしていた時、函館から青森へ向かう列車内で中年男性の三人組が隣りの席になり、「座席を回して四人掛けにしたい」というので、ＯＫしました。その後は、彼らからたくさんビールをもらい、おしゃべりをしながら楽しく過ごしました。当時は、外国人旅行者も今ほど多くありませんでしたし、私自身も日本に慣れていなかったので、余計に印象に残っています。一人旅をしていると、地元の人たちと触れ合う機会が多くて楽しいですね。

「お年寄りが特に優しい」という声にも納得

「大きな駅でホームがわからず迷っていると、一人のお年寄りが近づいてきて助けてくれた。日本人はシャイだと聞いていたし、日本語がほとんど話せない私たちも、自ら日本人に近寄っていくことは恥ずかしかった。それなのに、ほとんど英語を話せないお年寄りが自分から来て、私たち外国人を助けてくれたことは、うれしい驚きだった」（フィリピン、女性、30代）

「特に田舎に住むお年寄りは、日本語を話せる外国人に親切にしてくれる」（ブラジル、男性、50代）

「あるお年寄りとその娘と孫に、山の中で車に乗せてもらった」（アメリカ、女性、30代）

「伊勢でホステルの場所がわからなくなった私を、英語が話せない老婦人がホステルまで連れ

英語で話しかけてくれるボランティアガイドさんも。みなさん丁寧に説明してくれます

て行ってくれた」（ニュージーランド、男性、30代）

英語が話せなくても、何とか助けてくれようとするのは、特にお年寄りに多い気がします。地方に行くほど、世話好きな人が増えるのか、日本語で気さくに話しかけられる機会が多いように思います。

郷土愛ともてなしの心を感じたボランティアガイドに感謝の声

「高松市の栗林《りつりん》公園のガイドが、早朝に一人でいた私を見て、園内を案内してくれた。二時間ほど歩きながらおしゃべりし、庭園の岩や樹木などについて説明してもらった。最後は感謝の気持ちでいっぱいになり、涙ながらに庭園を後にした。そのことを思い返すと、今でも温かい気持ちになる」（スロヴァキア、女性、20代）

「神社に居合わせた日本人の男性が境内を案内してくれ、そこがなぜ神聖な場所だと考えられているのかなどについて説明してくれた」（アメリカ、女性、20代）

日本ではボランティアでガイドをしている人が多いせいか、私も一人で観光していて話しかけられ、案内してもらった経験が何度かあります。ガイドブックを読みながら一人で観光するよりも、詳しい人に案内してもらうほうが、より多くのことを深く理解できるので、とてもありがたく思いました。

忘れ物が盗まれずに見つかる日本はやはり素晴らしい

「その日に買ったものをコーヒーショップに置き忘れたが、店に戻ると、買い物袋がそのまま席に残されていた」（オーストラリア、女性、60代）

「高野山で携帯電話を失くした時、親切な店員が事務所に届けておいてくれた。そして、私が到着すると、その事務所まで連れて行ってくれた」（フィリピン、女性、20代）

ジャパンガイドのフォーラムでも、「日本では、何かを失くしても戻る確率が高い」という書き込みを見かけます。特によく聞くのが、「財布を失くしても、財布も中身もそのままで戻る」という驚きの声です。

私も以前、バッグを二つ持って取材旅行に出かけ、東京から群馬に戻る電車内で、バッグを一つ置き忘れてしまったことがありました。バッグは電車内で盗まれることもなく、上野駅お忘れ物承り所に届けられ、無事手元に戻りました。

日本に遊びに来た両親も、落とし物が戻った経験をしています。父は、沖縄・竹富島のフェリー乗り場でチケットを買い、財布をパンツの後ろポケットに入れたつもりが、落としてしまっていたのです。フェリーに乗船してから失くしたことに気づき、フェリー会社のスタッフに伝えたところ、次の便で無事に財布が届きました。両親が感激したのは、言うまでもありません。

警察官や公共施設で働く人が親切、という感想も

「警察官や鉄道スタッフが親切」（ブラジル、男性、50代）

「沖縄で道に迷った時、警察官が数キロ先のバス停まで送ってくれた」（フランス、男性、30代）

「多くの人たち、中でも公共施設で働く人たちによく助けてもらった」（イギリス、男性、60代）

これも、日本でよく実感することです。ヨーロッパやアメリカでは、「警察官は怖い」というイメージが強いのですが、日本では交番で道を訊くと、とても丁寧に教えてくれます。酔っ払いが大声で騒いでいても、穏やかに説得しています。きっと、相手がエスカレートしないよ

うに配慮して対応しているのでしょうね。

礼儀正しく、サービスが良く、マナーの良い人が多い

「駅から唐津城《からつ》に向かって歩いていると、前から来た中学生のグループが全員帽子を取ってお辞儀し、『ハロー』と言ってくれた。人生でこれほどうれしく思ったことはない」(アメリカ、女性、10代)

「どの会話や交流も印象に残っている。日本人は穏やかで、優しく、対応がいい。英語がよくわからない人でも助けてくれる。親切でマナーが良く、日本を旅する私を安全で幸せな気分にしてくれた」(タイ、女性、60代)

中学生のエピソードは、とてもほほえましいですね。この経験で、日本の印象がより素晴らしいものになったことでしょう。

日本の対応やサービスの良さを実感するのが、ガソリンスタンドです。給油すると、車道に出る時に必ず誘導してくれますし、給油した私に対してだけでなく、停まって私の車を先に入れてくれたドライバーに対してもお辞儀をしているのです。外国ではちょっと考えられません。

ジャパンガイドにも、いろいろな国籍の人たちから「日本のサービスは素晴らしい」という

声が届きます。日本に長く滞在して自分の国に帰ると、サービスの悪さにショックを受ける人も少なくないようですし、私自身もその一人です。

日本人はたとえ機嫌が悪くても、仕事の場面ではその不機嫌さをほとんど表に出しません。マニュアル的と感じる人もいるかもしれませんが、ルールを守り、自分の仕事や役割に対して誠実に取り組む日本人が多いのだと思います。

こうした真面目な気質は、街の安全や秩序にも感じられます。日本では、女性が夜中に一人で繁華街を歩くことができますし、どこでタクシーに乗っても法外な料金を請求されることがありません。外国人から見たら、こうした安全や秩序は本当に奇跡のようなことなのです。

「どこから来たの？」と質問されるとうれしく感じる

「日本人は、私の出身国や日本で何をしているのかに、大変興味があるようだ。彼らはとてもフレンドリーで話し好き。歓迎されているように感じる」（アメリカ、男性、20代）

「私が出会った日本人は、誰もが日本語を話そうとする私に興奮してくれた。私のひどい日本語を理解できなくても楽しくおしゃべりしてくれるので、勇気づけられた。地元の人たちは、外国人が日本文化に興味を持つことを喜んでくれるようだ」（ニュージーランド、女性、20代）

日本人は、あまり自分から積極的に話しかけることはしませんが、英語を話すことや海外に興味を持っている人がたくさんいます。そういう人たちは、気さくに話しかけてくれます。

ジャパンガイドのスタッフも、「五年前は、ほとんど日本語が話せなかった。それでも言葉が通じないと、筆談でコミュニケーションしてくれるなど、外国人の私に興味を持ってくれた」と来日当初の思い出を語っています。

昔、取材で八幡平《はちまんたい》のホテルに宿泊し、ホテルのレストランに夕食に行くと、隣りの席の人が「一緒に食べよう」と話しかけてきました。私たちがどの国の出身で、どんな仕事をしているのかなどの話が弾み、最終的にはそこにいた全員で一緒に食事をしたという経験があります。

日本人は、外国人が少しでも日本語を話せると、とても感激してくれますし、下手な日本語でも褒めてくれます。ちょっと気恥ずかしい気もしますが、やはりうれしいですね。

多くの外国人が感じる「言葉の問題」。とはいえ、それは、外国を旅していれば当然のこと!?

コミュニケーションの難しさは海外旅行につきものとはいえ……

多くの外国人が日本で不満・不便に感じているのは、「施設などのスタッフとのコミュニケーション」です。「外国語の案内板が不足している」にも共通するのは、言葉の問題です。言葉については、外国にいればある程度仕方がないといえます。例えば、スペイン語ができない私がスペインに行けば、不便を感じるのは当たり前ですから。

とはいえ、日本では道路標識や駅の表記に外国語を併記してあるところも多く、ほかの国よりも多言語化に力を入れていると思います。

確かに、国際チェーンではないホテルや旅館では、英語を話せないスタッフが多いです。語学トレーニングはしているようですが、追い付いていないのかもしれません。観光業界全体で今後も取り組んでいかなければならない問題だと思います。

Wi-Fi環境は向上したものの、使いやすさには改善の余地あり？

これは、自国のインターネット環境によって感じ方が違うことでしょう。日本のWi-Fi環境は、10年前よりかなり改善されているので、二〇一九年の調査でまだこの不満があることに驚きました。とはいえ、使いやすさという点では改善の余地がありそうです。日本のフリーWi-Fiは、アクセスに必要な登録手順がわかりにくく、面倒な場合もあります。

外国発行のカード問題はキャッシュレス化で解消に向かう？

「郵便局のATMしか使えなかった」（オーストラリア、男性、40代）
「インターナショナル・デビットカードが使えなかった」（イタリア、男性、60代）

海外では、少額でもクレジットカードで支払いますし、デビットカードも普及しています。カード生活に慣れている国から日本に来ると、カードを使えない不便さを感じることは確かです。私自身も、大型家電量販店で外国発行のクレジットカードを使おうとして、確認にすごく時間がかかったことや、駅の券売機で利用できなかったという経験があります。

ATM不足は、昔よりかなり改善されています。二〇年前、私が持っていたマスターカードでキャッシングできたのは、空港と東京のデパートぐらいでした。その後、郵便局のATMが

◎日本を訪れた時、不満、不便に感じたことは？（複数回答可）

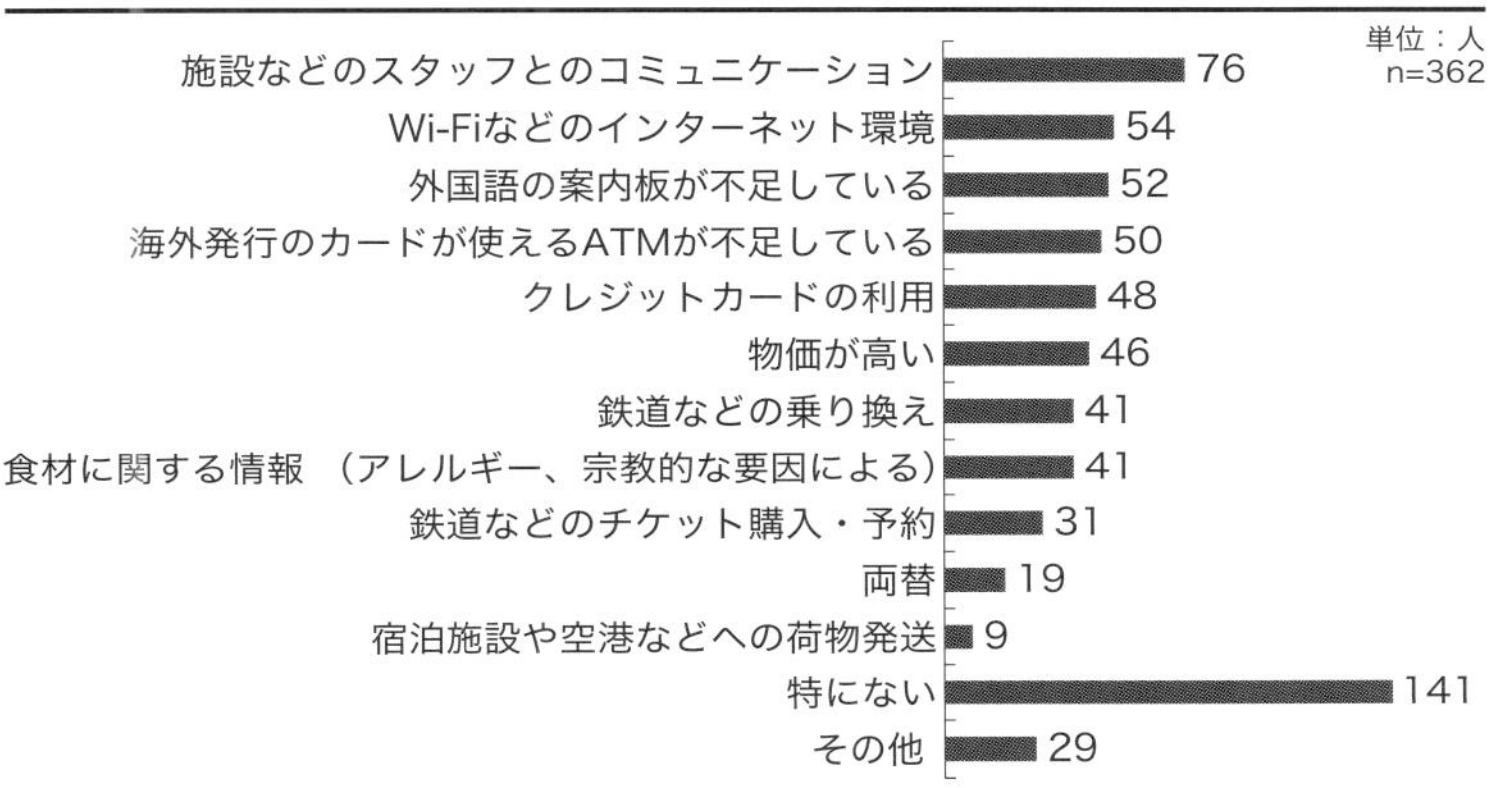

- 訪日経験者の中でも、リピーターの割合が高かったため、不満や不便を感じなかった回答者の割合も高かった（39%）
- ３大問題は「言語」「Wi-Fi」「カード」（デビットカードのコメントも「その他に」あり）

使えるようになって全国各地でキャッシングが可能になり、その後はセブン銀行などで外国発行のカードが使えるようになり、ずいぶん便利になりました。

今後キャッシュレス化が進むと、両替も含めてこうした問題は解消されるでしょうね。

物価が高いと感じる外国人はまだ多い？

物価を高いと感じるかどうかは、出身国次第といえるでしょう。あるいは、日本で自国の食べ物、例えばフルーツや菓子類などを手に入れようとすると、高価になる可能性は高いです。「日本＝物価が高い」という印象が強かった時期もありましたが、バブルが崩壊した一九九〇年代以降は、安いレストランやショップ、サービスがたくさん誕生しています。そうしたオプションを探すなど、工夫次第で日本を安くお得に楽しむことはできると思います。

路線が多い日本は、電車の乗り換えが難しい

「地下鉄の乗り換えが複雑」(シンガポール、男性、60代)

日本は路線が多いので、複雑なのは仕方ありません。日本人でも迷いますし、鉄道好きの私でさえ池袋駅で迷った経験があります。ですが、それも旅の貴重な思い出です。

近年、東京など大都市の駅は、英語だけでなく韓国語や中国語の表示も増えてきましたし、色分けされたり、駅名が読めない人のために番号が併記されていたりと、さまざまな工夫が施されています。スマートフォンで利用できる乗換案内の外国語版も普及して、かなり便利になりました。

アレルギーや宗教的配慮など、食材に関する情報は不足気味

「ビーガンフードが見つからない」(オーストラリア、女性、40代)

アレルギーは命にかかわることなので重大ですが、これも言葉の問題なのかもしれません。日本にも、イスラム法上食べることが許されている食材を使ったハラルのレストランが登場

ハラルのレストランも増えてきました。メニューも豊富です

し、イスラム教徒の観光客で賑わっています。ベジタリアンフードや、卵・乳製品・はちみつなどの動物性食品を口にしないビーガンフードも含め、こうした外国人観光客のニーズに応えることは、日本にとってビジネスチャンスになるのではないでしょうか。

鉄道などのチケット購入や予約の難しさは喫緊の改善ポイント

「鉄道やイベントチケットの入手が難しい」

(ドイツ、女性、30代)

外国人観光客は、ジャパン・レール・パスを利用すれば、鉄道に関する不便はほぼ解消されるはずです。また、二〇一九年四月からは、全国の新幹線を英語で予約できるようになりました。

コンサートなどのチケット予約は、確かに今も難しいと思います。これだけ外国人観光客が増えているのですから、その不満を解消することは、日本にとってビジネスチャンスです。この不便さを解消するようなサービスが生まれることを期待しています。

公共の場での喫煙者はまだ多い印象

「公共の場での喫煙者が多すぎる」（アメリカ、女性、40代）
「レストランでの喫煙者が多すぎる」（アメリカ、女性、50代）
「レストランやバー、職場などで、いまだに喫煙が許されている」（オーストラリア、男性、40代）

フリーコメントで目立ったのが、喫煙に対する意見です。公共の場で全面的に禁止されている国から日本に来ると、とても気になることでしょう。私自身は、スイスのほうが路上喫煙者が多いなど、喫煙環境がひどいので、個人的にはあまり気になりません。

東京オリンピック・パラリンピックの開催に合わせて、二〇二〇年四月から東京都受動喫煙防止条例が全面施行される予定なので、今後の喫煙状況はもっと改善されるのではないでしょうか。

また、コメントでは飲食店についての指摘が多いですが、路上喫煙に関しては、日本はとてもきびしいと思います。

天候不順は不可抗力？　トイレなどの不便さにとまどいも

「梅雨時の天気」（スペイン、女性、20代）
「洋式トイレが少ない場所があった」（オーストラリア、女性、50代）

せっかく日本まで観光に来たのに、雨ばかりではガッカリするかもしれません。ですが、事前に情報を調べておけば、日本には梅雨があることがわかったはず。雨で喜ぶ人は少ないでしょうが、あじさい寺や苔寺など、梅雨の時期ならではの美しい景色を観賞できると思えば、梅雨の日本も楽しいものです。

和式トイレは確かに外国人には使いにくいものですが、そこに不満を持つのはどうでしょう？　今でも和式トイレのままの古民家や宿坊はありますし、これは日本の歴史と文化の一部なのですから。

それでも日本が好き！五回以上訪日のスーパーリピーターが多いのは、「観光地日本」の魅力の証明

日本大好きなリピーターが日本に求めているものは？

五回以上日本を訪れているスーパーリピーターが多いことは、今回のサーベイだけでなく、過去のジャパンガイドのサーベイでも同様の結果が出ています。

スーパーリピーターになる最大の理由は、やはり「日本が好きになったから」というシンプルな感情だと思います。自分の国に戻るとまたすぐに行きたくなる……私の場合もそうでした。

最近ジャパンガイドのスタッフが日本で結婚し、結婚式に列席するためにフランスから家族が来日したのですが、彼の祖母は、来日するまで日本にはまったく興味がなかったそうです。ところが、いざ来てみたら日本の治安の良さやサービスの良さ、街が清潔なことがとても気に入ったようで、「また日本に行きたい」と言っているそうです。

◎訪日経験はありますか？（単一回答）

n=563

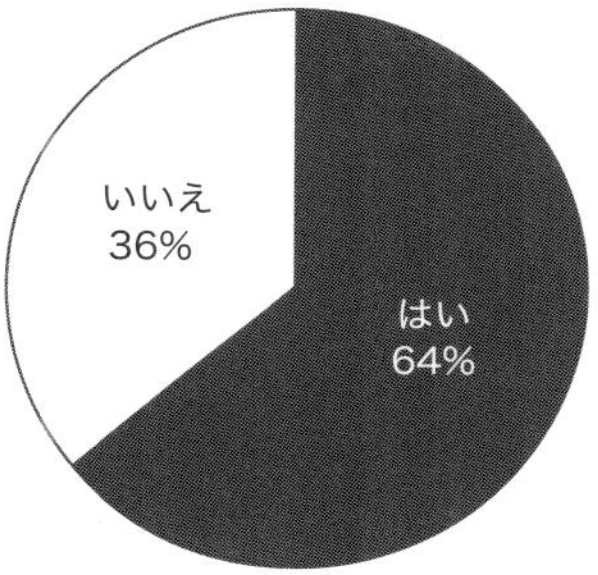

◎日本を何回訪れたことがありますか？（単一回答）

n=362

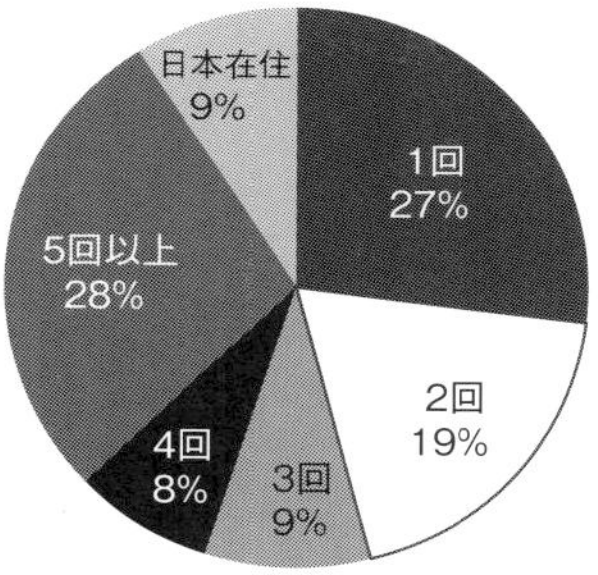

• 上の世代になるほど訪日回数が多くなる。「5回以上」と答えたスーパーリピーターは、50代で47%、60代で50%にも及んだ

日本各地、季節ごとの違いを楽しむために再訪日する人も

日本の地形は細長く、たくさんの地方があって、それぞれに特色があります。ですから、「次は、行ったことのない地方を訪れてみよう」と、何度もリピートしたくなります。季節も四つあって、同じ場所でも季節ごとに違う表情を見せてくれます。こうした日本の魅力が、多くのリピーターを惹きつけているのでしょう。

また、アジア圏の人たちにとっては、距離的に近くフライトも豊富なので、行きやすい国であることもリピートする大きな要因です。そして何より、治安が良くて清潔で、人々が優しいこと。女性でも安心して一人旅を楽しむことができることも、何度もリピートしたくなる理由だと思います。

リピーターにすすめたいのは、一地方を巡る「ワンリピート・ワンパス」の旅

私がリピーターにおすすめしたい旅行プランは、一度目は「東京〜富士山〜京都〜大阪(〜広島)」を回る定番のゴールデンルートプラス田舎。二度目以降は、興味がある地方を一つ選んで回るプランです。

実際、リピート回数が増えるほど、一つの地方を目指して訪日する人が増えているようです。特にその傾向が強いのが、アジアからの観光客です。日本の地方の鉄道パスは、関西と北陸、関西と広島、山口と広島など、組み合わせのバリエーションが多彩なので、こうした鉄道パスを最大限に活用して、「ワンリピート・ワンパス」の旅を上手に楽しんでいます。

外国人は「伝統」「古いもの」「外国にはないもの」を日本に求める

日本の何に魅せられるのかは、人によって異なります。私の友人の一人は、一〇年以上も毎年日本を訪れています。彼の目的は、東京ゲームショウに行くこと。ですから、毎回東京にしか滞在しません。私は、彼が日本に来るたびに「京都に行こう」と誘い続け、ついに二〇一九年の秋、一緒に関西まで足を延ばすことになりました。

私が惹きつけられるのは、日本の伝統や田舎の風景などの古いものです。不思議なのは、日

本の人は日本の古いものにそれほど魅力を感じていないように思えること。古いものは取り壊して、新しい近代的なものを造ったほうがいいと考える人もいるようです。

しかし、古いものをなくしてしまうのは本当に残念です。特に伝統的な建物などは、かけがえのない価値がありますので、大切に保存されることを願っています。海外の近代性に倣うのではなく、日本のやり方で古い魅力を守っていってほしいと思います。外国人にとっては、ほかの国とは違うことが日本の魅力であり、旅のおもしろさになるのですから。

とはいえ、日本は地震が多く、古い木造建築は火災や強度が心配です。こうした安全を担保しつつ、伝統を残せるような法律やルールを整える必要があります。それに、古い建物を維持・管理するのは大変です。古くなるほどお金もかかるので、個人のオーナーには負担が大きすぎます。古い建物を守るような仕組みや法制度が整備され、ビジネスに活用できるようになれば、観光地日本はさらに素晴らしい方向に進むのではないでしょうか。

おわりに

本書を手に取って、読んでくださった皆さま、ありがとうございます。私の意見に興味をもってくださるのは、本当にうれしいです。

一七年前、ちょうど日本に移り住んだ頃に比べると、日本の観光業界は大きく変化しました。二〇〇三年当時の訪日外国人数は約五二一万人。とても少ない感じがします。訪日外国人が一〇〇〇万人を超えたのが二〇一三年。それからわずか五年間で、人数は三倍になりました。

そして、これからの五～一〇年間で、さらに変わっていくと思います。おそらく日本の観光産業は、さまざまな新しいシステムを作る時代に入るでしょう。すでに発生しているオーバーツーリズムという問題に対して、立ち向かっていかなければならないと思います。今までのように訪日観光客の数字だけを追うのではなく、質のいい観光に力を入れていかなければならないときですね。

もしそれらの対策に失敗すると、日本の観光のクオリティはだんだん低くなると思います。東京オリンピック・パラリンピックが開催される二〇二〇年から、日本国際博覧会（大阪・関西万博）が開かれる二〇二五年までの五年間は、正念場かもしれません。

私自身は、そのチャレンジをとても楽しみに感じています。エキサイティングですね。「ジャパンガイド」も、観光情報サイトとして何か貢献したいと考えています。

近年は、自然災害がたいへん増えています。二〇一一年の東日本大震災以降、二〇一六年の熊本地震、二〇一八年の北海道胆振《いぶり》東部地震と大規模停電、さらには台風や豪雨などが各地に甚大な被害をもたらしました。自然災害ではありませんが、沖縄の首里城が全焼した映像もたいへんショッキングでした。

二〇一九年は台風一九号の被害が特に大きく、箱根などの観光地も被災しました。本書で紹介している観光スポットでは、千葉県で一位となった鋸山《のこぎりやま》が大打撃を受けましたが、一部のハイキングルートはすでに復旧しています。

うれしいニュースもありました。二〇一九年九月、岩手県の釜石鵜住居《かまいしうのすまい》復興スタジアムで、ラグビーワールドカップの試合が行なわれたのです。そこは東日本大震災で津波の被害にあった小・中学校の跡地に建設された施設でした。観戦に行った私たちは、震災直後から取材を続けていただけに、完成したスタジアムと世界中から集まったラグビーファン、そして地元釜石の人たちの喜びがひしひしと伝わってきて、たいへん感動しました。

ジャパンガイドでは、観光客に大きな影響があること、たとえば火山の噴火警戒レベル上昇による登山道の閉鎖や、交通機関の運休などについては、即座に情報をアップし、随時更新しています。日本の観光地が被災すると、一時的に訪日客が減少するのは仕方がないことですが、復旧したら、以前のようになるべく多くの外国人にその地を訪れてほしいと思っています。それはジャパンガイドの大きな目的の一つです。

個人的に、将来の展望としては、一〇年後も日本は観光の満足度レベルが高い国であるといいと思っています。訪日観光客の数だけでなく「満足度」も重要ですね。

日本人は、ほかの国と比べて、カイゼン（改善）への探求心がひじょうに強いと思います。目先の利益ではなくて、中長期でいいソリューション（解決策）を探す。それが上手ですね。問題点をよく理解し、研究して、それから解決策を考える……。そのような国民性がありますので、これからよい方向に向かって行くのではないかと思います。

ジャパンガイドにも大きな責任があります。たとえば、サイト立ち上げ時から、東京・京都より、全国の地方に注目してきました。もちろん、東京・京都も大切にしていますが、昔から、あまり知られていないデスティネーションを紹介することにも力を入れてきたのです。今後もそれを続けたいと思います。

そして、マナーに関する情報もさらに充実させ、日本のマナーをよく知っている観光客を増やせたらいいと思っています。

なお、本書では47都道府県すべての満足度ランキングを紹介していますが、北海道、東京都、神奈川県、京都府、大阪府、奈良県、沖縄県は、観光スポットが多く、訪問者数や検索数も多いことから、満足度16位までを集計しています。それ以外の40県については、満足度トップ3を掲載していますが、ジャパンガイドのサイトを訪れていただければ、ほかの観光スポットやその時点での最新満足度ランキングをご覧いただけます。ランキングは日々変わっていくものですので、ぜひご興味のある地域をチェックしてみてください。

最後に、いつもジャパンガイドの仕事に理解と関心をもってくださっている編集の長谷部智恵さん、群馬のオフィスまで何度も足を運んでくださったフリーライターの笠井貞子《ていこ》さん、エクスポート・ジャパン株式会社のジャパンガイド担当チームで、二〇一九年に行なったサーベイに協力してくださった高倉佑介さんとデキ・フトモさんに、心より感謝申し上げます。全般にわたってサポートしてくれたライターの妻にも、お礼の言葉を贈りたいと思います。

二〇一九年十二月

ステファン・シャウエッカー

47都道府県満足度ランキング一覧

・2008年～現在までの「ジャパンガイド」のサイト内で行なったアンケートの累計データです。（★と人数は2019年10月27日現在）
・訪れた観光地およびイベントの満足度を★で評価。（★★★★★が満点）
・人数は参考。ジャパンガイドのユーザーで、その地を訪れ「投票した人」の数です。
・★の数が同じ場合は小数点以下第二位までで比較、さらに訪問者数が多いほうを上位にしています。

2位　龍泉洞 ―― 4.5☆（21人）
3位　猊鼻渓 ―― 4.3☆（61人）

宮城県
1位　田代島 ―― 4.4☆（17人）
2位　松島湾 ―― 4.1☆（570人）
3位　瑞鳳殿 ―― 3.7☆（201人）

秋田県
1位　竿燈まつり ―― 4.6☆（125人）
2位　乳頭温泉郷 ―― 4.6☆（109人）
3位　角館の桜 ―― 4.5☆（131人）

山形県
1位　山寺 ―― 4.4☆（333人）
2位　出羽三山 ―― 4.3☆（135人）
3位　銀山温泉 ―― 4.0☆（41人）

福島県
1位　大内宿 ―― 4.2☆（113人）
2位　鶴ヶ城 ―― 3.7☆（321人）
3位　東山温泉 ―― 3.6☆（97人）

関東地方

茨城県
1位　国営ひたち海浜公園
2位　袋田の滝
3位　偕楽園 ―― 3.4☆（238人）

北海道

北海道
1位　知床国立公園 ―― 4.3☆（341人）
2位　利尻・礼文 ―― 4.2☆（108人）
3位　ニセコ ―― 4.1☆（355人）
4位　大雪山国立公園 ―― 4.1☆（337人）
5位　富良野 ―― 4.0☆（846人）
6位　札幌 ―― 4.0☆（2453人）
7位　登別温泉 ―― 4.0☆（562人）
8位　函館 ―― 3.9☆（1326人）
9位　小樽 ―― 3.9☆（1344人）
10位　大沼公園 ―― 3.8☆（134人）
11位　松前 ―― 3.8☆（31人）
12位　洞爺湖 ―― 3.6☆（409人）
13位　阿寒摩周国立公園 ―― 3.6☆（489人）
14位　旭川 ―― 3.5☆（603人）
15位　ルスツ ―― 3.4☆（143人）
16位　支笏湖 ―― 3.4☆（180人）

東北地方

青森県
1位　ねぶた祭 ―― 4.7☆（186人）
2位　恐山 ―― 4.6☆（86人）
3位　八甲田山 ―― 4.5☆（18人）

岩手県
1位　北山崎 ―― 4.7☆（17人）

14位　高尾山 ―― 4.0☆(822人)
15位　新宿御苑 ―― 4.0☆(2552人)
16位　江戸東京博物館 ―― 4.0☆(870人)

神奈川県

1位　箱根温泉 ―― 4.2☆(1299人)
2位　鎌倉 報国寺 ―― 4.2☆(105人)
3位　藤子・F・不二雄ミュージアム ―― 4.2☆　(72人)
4位　三溪園 ―― 4.2☆(434人)
5位　長谷寺 ―― 4.2☆(1399人)
6位　鎌倉大仏 ―― 4.2☆(2738人)
7位　日本民家園 ―― 4.1☆(59人)
8位　箱根 彫刻の森美術館 ―― 4.0☆(421人)
9位　鎌倉のハイキングコース ―― 4.0☆(641人)
10位　江の島 ―― 4.0☆(983人)
11位　円覚寺 ―― 3.9☆(999人)
12位　箱根 大涌谷 ―― 3.9☆(1010人)
13位　鶴岡八幡宮 ―― 3.9☆(1533人)
14位　みなとみらい ―― 3.9☆(2016人)
15位　鎌倉 建長寺 ―― 3.8☆(768人)
16位　芦ノ湖 ―― 3.8☆(1562人)

中部地方

新潟県

1位　アース・セレブレーション ― 4.9☆(34人)
2位　佐渡金山 ―― 4.0☆(92人)
3位　湯沢 ―― 3.7☆(335人)

富山県

1位　立山黒部アルペンルート ―― 4.5☆　(400人)
2位　五箇山・相倉合掌造り集落 ―― 4.3☆(231人)

※1位と2位は内部資料に基づき順位を割り出しました。

栃木県

1位　日光東照宮 ―― 4.4☆(1709人)
2位　大猷院 ―― 4.2☆(526人)
3位　湯西川温泉 ―― 4.2☆(40人)

群馬県

1位　草津温泉 ―― 4.0☆(582人)
2位　尾瀬国立公園 ―― 3.9☆(182人)
3位　四万温泉 ―― 3.9☆(33人)

埼玉県

1位　秩父夜祭 ―― 4.6☆(17人)
2位　鉄道博物館 ―― 4.2☆(109人)
3位　三峯神社 ―― 4.0☆(15人)

千葉県

1位　鋸山 ―― 4.5☆(37人)
2位　東京ディズニーシー ― 4.4☆(1405人)
3位　成田山新勝寺 ―― 3.7☆(503人)

東京都(総合ランキング)

1位　柴又 ―― 4.5☆(23人)
2位　三鷹の森ジブリ美術館 ―― 4.4☆(1589人)
3位　三社祭 ―― 4.4☆(211人)
4位　東京国立博物館 ―― 4.3☆(300人)
5位　浅草 ―― 4.2☆(6344人)
6位　渋谷 ―― 4.2☆(7215人)
7位　築地場外市場 ―― 4.1☆(2510人)
8位　明治神宮 ―― 4.1☆(4402人)
9位　東京スカイツリー ―― 4.1☆(1663人)
10位　新宿 ―― 4.0☆(7367人)
11位　原宿 ―― 4.0☆(6410人)
12位　御岳山 ―― 4.0☆(296人)
13位　秋葉原 ―― 4.0☆(6950人)

近畿地方

三重県
1位　伊勢神宮 —— 4.2☆(851人)
2位　おはらい町 —— 3.8☆(229人)
3位　伊賀流忍者博物館 —— 3.7☆(371人)

滋賀県
1位　MIHO MUSEUM —— 4.3☆(87人)
2位　彦根城 —— 4.0☆(519人)
3位　甲賀の里忍術村 —— 3.7☆(20人)

京都府（総合ランキング）
1位　伏見稲荷大社 —— 4.7☆(2916人)
2位　清水寺 —— 4.6☆(4127人)
3位　金閣寺 —— 4.4☆(4505人)
4位　嵐山 —— 4.4☆(2665人)
5位　貴船 —— 4.3☆(216人)
6位　修学院離宮 —— 4.3☆(217人)
7位　祇園祭 —— 4.3☆(910人)
8位　将軍塚青龍殿 —— 4.2☆(26人)
9位　西芳寺(苔寺) —— 4.2☆(362人)
10位　東山 —— 4.1☆(1297人)
11位　銀閣寺 —— 4.1☆(3267人)
12位　鞍馬 —— 4.1☆(479人)
13位　桂離宮 —— 4.1☆(355人)
14位　花灯路 —— 4.1☆(226人)
15位　善峯寺 —— 4.1☆(149人)
16位　平等院 —— 4.1☆(1185人)

大阪府
1位　USJ(ユニバーサル・スタジオ・ジャパン)
—— 4.1☆(860人)
2位　海遊館 —— 4.1☆(1854人)
3位　ミナミ(難波) —— 3.9☆(3085人)
4位　国立文楽劇場 —— 3.9☆(296人)
5位　箕面公園 —— 3.8☆(331人)

3位　黒部峡谷 —— 4.1☆(177人)

石川県
1位　兼六園 —— 4.4☆(1208人)
2位　能登金剛海岸 —— 4.2☆(58人)
3位　那谷寺 —— 4.2☆(33人)

福井県
1位　恐竜博物館 —— 4.0☆(81人)
2位　東尋坊 —— 3.9☆(64人)
3位　永平寺 —— 3.8☆(239人)

山梨県
1位　富士登山 —— 4.5☆(830人)
2位　忠霊塔 —— 4.3☆(127人)
3位　久保田一竹美術館 —— 4.3☆(57人)

長野県
1位　上高地 —— 4.4☆(487人)
2位　木曽路 —— 4.3☆(500人)
3位　山ノ内町(※地獄谷野猿公苑を含む)
—— 4.3☆(302人)

岐阜県
1位　合掌造りの民宿体験 —— 4.8☆(185人)
2位　白川郷の荻町集落 —— 4.5☆(443人)
3位　高山祭 —— 4.5☆(188人)

静岡県
1位　富士山 —— 4.5☆(1484人)
2位　河津桜まつり —— 4.2☆(49人)
3位　城ケ崎海岸 —— 4.0☆(240人)

愛知県
1位　リニア・鉄道館 —— 4.3☆(125人)
2位　香嵐渓 —— 4.0☆(52人)
3位　犬山城 —— 3.8☆(429人)

2位　高野山奥之院 ―――― 4.5☆(553人)
3位　那智大社 ―――― 4.5☆(175人)

中国地方

鳥取県
1位　鳥取砂丘 ―――― 3.8☆(297人)
2位　観音院 ―――― 3.7☆(41人)
3位　大山 ―――― 3.4☆(178人)

島根県
1位　出雲大社 ―――― 4.4☆(363人)
2位　足立美術館 ―――― 4.3☆(153人)
3位　太皷谷稲成神社 ―――― 4.2☆(48人)

岡山県
1位　松山城 ―――― 4.5☆(69人)
2位　犬島 ―――― 4.3☆(50人)
3位　後楽園 ―――― 4.1☆(736人)

広島県
1位　厳島神社 ―――― 4.6☆(2145人)
2位　平和記念公園 ―――― 4.4☆(3554人)
3位　しまなみ海道 ―――― 4.4☆(194人)

山口県
1位　錦帯橋 ―――― 3.9☆(392人)
2位　東光寺 ―――― 3.8☆(81人)
3位　萩の城下町 ―――― 3.8☆(158人)

四国地方

徳島県
1位　阿波おどり ―――― 4.2☆(133人)
2位　祖谷渓 ―――― 4.1☆(81人)
3位　大塚国際美術館 ―――― 3.9☆(48人)

6位　天神祭 ―――― 3.8☆(199人)
7位　住吉大社 ―――― 3.8☆(479人)
8位　大阪城 ―――― 3.8☆(3697人)
9位　国立国際美術館 ―――― 3.7☆(268人)
10位　歴史博物館 ―――― 3.7☆(339人)
11位　梅田スカイビル ―――― 3.7☆(1876人)
12位　万博記念公園 ―――― 3.6☆(39人)
13位　あべのハルカス ―――― 3.6☆(258人)
14位　四天王寺 ―――― 3.6☆(783人)
15位　新世界 ―――― 3.6☆(1079人)
16位　キタ(梅田) ―――― 3.6☆(2517人)

兵庫県
1位　姫路城 ―――― 4.5☆(2388人)
2位　城崎温泉 ―――― 4.5☆(317人)
3位　竹田城跡 ―――― 4.2☆(23人)

奈良県
1位　東大寺 ―――― 4.5☆(3472人)
2位　吉野山 ―――― 4.4☆(194人)
3位　依水園 ―――― 4.2☆(379人)
4位　法隆寺 ―――― 4.2☆(1479人)
5位　長谷寺 ―――― 4.2☆(140人)
6位　春日大社 ―――― 4.1☆(1319人)
7位　若草山焼き ―――― 4.1☆(153人)
8位　談山神社 ―――― 4.1☆(56人)
9位　室生寺 ―――― 4.1☆(90人)
10位　奈良公園 ―――― 4.1☆(3610人)
11位　お水取り ―――― 4.0☆(170人)
12位　吉城園 ―――― 4.0☆(344人)
13位　薬師寺 ―――― 4.0☆(753人)
14位　唐招提寺 ―――― 4.0☆(864人)
15位　新薬師寺 ―――― 3.9☆(276人)
16位　今井町 ―――― 3.8☆(44人)

和歌山県
1位　高野山宿坊体験 ―――― 4.6☆(424人)

大分県

1位　六郷満山 ―― 4.2☆(14人)
2位　由布院温泉 ―― 4.1☆(476人)
3位　別府温泉 ―― 4.1☆(959人)

宮崎県

1位　高千穂峡 ―― 4.4☆(164人)
2位　天岩戸神社 ―― 4.1☆(127人)
3位　宮崎科学技術館 ―― 4.0☆(34人)

鹿児島県

1位　屋久島 ―― 4.7☆(282人)
2位　霧島ハイキング ―― 4.4☆(67人)
3位　桜島 ―― 4.1☆(679人)

沖縄県（総合ランキング）

1位　西表島 ―― 4.5☆(127人)
2位　美ら海水族館 ―― 4.4☆(515人)
3位　竹富島 ―― 4.4☆(118人)
4位　宮古島 ―― 4.4☆(158人)
5位　平和祈念公園 ―― 4.3☆(487人)
6位　斎場御嶽 ―― 4.3☆(88人)
7位　比地大滝 ―― 4.2☆(78人)
8位　石垣島 ―― 4.2☆(170人)
9位　海洋博公園 ―― 4.1☆(394人)
10位　首里城 ―― 4.1☆(822人)
11位　久米島 ―― 4.0☆(55人)
12位　座喜味城跡 ―― 3.8☆(64人)
13位　勝連城跡 ―― 3.8☆(94人)
14位　識名園 ―― 3.8☆(143人)
15位　辺戸岬 ―― 3.8☆(157人)
16位　中城 ―― 3.8☆(222人)

香川県

1位　豊島 ―― 4.4☆(34人)
2位　直島 ―― 4.2☆(264人)
3位　金丸座 ―― 4.2☆(70人)

愛媛県

1位　道後温泉本館 ―― 4.1☆(124人)
2位　臥龍山荘 ―― 4.0☆(20人)
3位　松山城 ―― 3.9☆(442人)

高知県

1位　高知城 ―― 3.7☆(336人)
2位　五台山 ―― 3.6☆(103人)
3位　桂浜 ―― 3.6☆(295人)

九州・沖縄

福岡県

1位　光明禅寺（大宰府） ―― 3.9☆(226人)
2位　福岡の屋台 ―― 3.8☆(931人)
3位　博多祇園山笠 ―― 3.8☆(161人)

佐賀県

1位　祐徳稲荷神社 ―― 4.2☆(28人)
2位　有田&伊万里 ―― 3.7☆(127人)
3位　吉野ヶ里歴史公園 ―― 3.1☆(155人)

長崎県

1位　軍艦島 ―― 4.4☆(199人)
2位　稲佐山 ―― 4.3☆(357人)
3位　平和公園 ―― 4.0☆(1143人)

熊本県

1位　黒川温泉 ―― 4.4☆(211人)
2位　阿蘇山 ―― 4.0☆(916人)
3位　熊本城 ―― 4.0☆(914人)

外国人《がいこくじん》だけが知《し》っている「観光地《かんこうち》ニッポン」

47都道府県《とどうふけん》 満足度《まんぞくど》ランキングから読《よ》み解《と》く
訪日客《ほうにちきゃく》が好《す》きな日本《にほん》、感動《かんどう》した日本《にほん》

2020年2月5日 第一刷発行

著者　ステファン・シャウエッカー
発行者　佐藤靖
発行所　大和《だいわ》書房
東京都文京区関口1-33-4
電話　03-3203-4511
編集協力　笠井貞子
ブックデザイン　小口翔平＋喜來詩織＋大城ひかり（tobufune）
カバー・本文写真　ジャパンガイド
グラフ・図版作成　朝日メディアインターナショナル

本文印刷　信毎書籍印刷
カバー印刷　歩プロセス
製本所　小泉製本

ISBN978-4-479-39336-8

http://www.daiwashobo.co.jp